こうすればうまく進む

自治体システム標準化 & ガバメントクラウド

総務省
デジタル統括アドバイザー

一般財団法人
全国地域情報化推進協会
企画部担当部長

三木 浩平　　　吉本 明平　／　共著

ぎょうせい

自治体システム標準化とガバメントクラウド

　自治体の情報システムにおける過去最大級の変革、ひいては日本のSIビジネスのあり方を根本から変える可能性のある2つの事業が、2025年度末に向けて急ピッチで進められています。

　「**自治体システムの標準化**」と「**ガバメントクラウド**」です。

　自治体システム標準化とは、これまで自治体ごとに異なっていた情報システムの仕様を、国主導のもとで全国共通のものにするという事業です。つまり、これまで自治体の数と同じだけ種類のあった情報システムが、内容的には、ひとつの種類になるということです。
　ガバメントクラウドとは、標準化された自治体のシステムを搭載するクラウド環境のことです。国が、一定の基準を満たすクラウドサービスと契約し、自治体に利用環境を提供します。つまり、全国の自治体はオンラインにより、ガバメントクラウドにある標準化されたシステムを利用できることになります。

事業のインパクト

　自治体にとっては、システムの機能や利用環境が変わることが大きな影響となります。これまでは、各団体で仕様書を出していて、機能や画面構成、帳票のレイアウトなど自らの希望で決めることができました。しかし今後は、国が作成した標準仕様書に準拠するこ

とになるため、あらかじめ決まった定型のシステムを利用します。つまり、従来のシステム開発では、業務に合わせて仕様書を作成する作業が中心だったのが、今回の標準化事業では、「システムに業務を合わせていく」ことが重要になります。また、ガバメントクラウドにより、システムはオンライン環境で利用することになるため、これまでオンプレミス環境（庁内のサーバー等）で利用してきた自治体にとっては、オンライン特有の環境（レスポンスやデータ量）に対応する必要があります。

　一方で、自治体に情報システムを提供するSI（システムインテグレーション）事業者（ベンダー）にとっても、大きな影響があります。これまでは、個別の仕様書に合わせてシステムを開発し、オンプレミス環境の運用部隊を現地に配置し、制度改正の度に個々のシステムを改修するという作業を全国津々浦々で行っていました。ところが、今後はクラウド環境に標準化されたひとつのシステムになることにより、開発や運用の作業を全国的に集約できるようになります。これにより、従来の「顧客先へのリソース配置（地方の拠点や運用部隊、パートナー企業との連携）」や「工数ベースでの課金（作業量が増えるほど売り上げが増加）」といったゼネコン型ビジネスモデルから、今後は効率的にリソースを使って（集約開発や自動運用）、質の高いサービスを提供する**サービス提供型**ビジネスモデルへ転換できる可能性があります。

本書の構成

　本書は、自治体システム標準化とガバメントクラウド事業に取り組む自治体職員、ベンダー社員、事業により影響を受ける関係者（自治体と連携する国の機関、情報システム以外の自治体アウト

ソーサー）等、幅広い読者に向けた入門書の位置づけです。

・国から発出される文書が膨大で読み解くのに苦労していて、最初
　に要点を押さえておきたい
・国やベンダーからの情報提供が不足している部分があり、解説が
　必要だ
といったニーズに応える内容にしています。

　一方、本書は、事業を担当する府省庁の部門による公式の解説書
ではありません。また、執筆時点において各部門から発出されてい
る最新の文書に基づいた内容にしていますが、文書が頻繁に更新さ
れることから、実務においては、最新版の文書に基づいて対応して
ください。

　Chapter 1「自治体システムを取り巻く環境の変化」では、こ
れまでの自治体のシステム利用形態の変化を俯瞰したうえで、標準
化やガバメントクラウド事業の経緯、そして国における推進体制の
変化等、技術と事業の変化について解説します。

　Chapter 2「自治体システム標準化」では、法律による規定や
事業の概要、標準仕様書の内容等について解説し、実装時に課題と
なるポイントについて考察します。

　Chapter 3「ガバメントクラウド」では、事業の概要や特徴、
契約や通信回線等について整理します。特に、オンプレミスや他の
クラウドとの違い等、ガバメントクラウドの特徴やメリットについ
て考察します。

　Chapter 4「自治体での移行作業」では、システム標準化への
対応やガバメントクラウド移行に向けた自治体の作業ステップにつ
いて、従来のシステム構築作業と比較しながら解説します。

　Chapter 5「ベンダーのビジネス変化」では、自治体システム

標準化とガバメントクラウド事業を受けて、ビジネス環境がどのように変化するのか、また、運用や改修等、移行後の環境の維持についても考察します。

Chapter 6「デジタル行政の将来像」では、自治体システム標準化とガバメントクラウド事業の結果、もたらされる新しい行政サービスの可能性や、関係する他の事業の動向（国システムとの連携、民間サービスの展開）について考察します。

本書が、大きな変革の波を乗り切る、そして乗りこなすための一助となることを願ってやみません。

2023年9月

著　者

Chapter 3

ガバメントクラウド

Chapter 4

自治体での移行作業

Chapter 5

ベンダーのビジネス変化

Chapter 6

デジタル行政の将来像

装丁：工藤公洋
DTP：山本秀一、山本深雪（G-clef）

Chapter 1

自治体システムを取り巻く環境の変化

I 自治体システム事業の変化

（1）IT技術と利用分野の変遷

　自治体における情報システム活用の歴史は、1950年代初頭に人口増化に伴う行政事務増大に直面した大都市を中心に、電子計算機の導入を開始したことに始まりました[1]。当時の電子計算機とは、「大型汎用コンピュータ（**汎用機**）」や「メインフレーム」と呼ばれ、高価であったため、相応の事業規模が求められ、大都市の住民記録や税、国民健康保険、統計、給与計算等が主な利用事務分野となっていました。当初はIBMを中心とした海外ベンダーの製品のみでしたが、その後、国内ベンダーが参入するようになり、中核市や中小自治体の共同事業（電算センター、自治体クラウド）にも利用が広がっていきました。その利用の最盛期は1980年代といわれています。

　1980年代に端末の性能が向上したことから、サーバーと端末（クライアント）が分担して処理（分散処理）を行う「クライアント・サーバー（**クラ・サバ**）方式」が登場します。サーバーは小型化し、より廉価になったことから、社会保障系や内部管理系の中規模事業にも活用が広がることになります。また、1990年代には、ソフトウエアの構築において、従来のスクラッチ開発（自治体ごとのオーダーメイド）に対して、中規模都市を中心に**パッケージソフト**（既製品）の活用が広がっていきます。

　2000年は、電子政府・電子自治体元年と呼ばれ、これ以降イン

1　総務省「地方自治情報管理概要」（2009年10月）

ターネットを活用した各種システムが導入されます。たとえば、
メール、ホームページ、電子申請といったシステムです。これまで
は、庁内の事務処理の効率化が対象であり、システムの利用者は職
員のみでしたが、庁外にも利用者（住民、事業者等）が拡大します。
一方で、LinuxやWindows等汎用的なOSが普及したことから、
ソフトウエアとハードウエアの一体調達が崩れ、ハードウエアにつ
いてはメーカー指定をせず、仕様を満たす製品を調達できる「**オー
プン化**」が進展します。

　2010年以降は、**クラウドサービス**や**スマートフォン・アプリ**の
時代です。クラウドサービスでは、自治体はサーバーやソフトウエ
ア等IT資産を自ら所有せず、通信回線を通じてベンダー等の提供
するリソースを利用します。また、ユーザー（各職員）がCMS
（コンテンツ・マネジメント・システム）を用いてセルフサービス
によりコンテンツの更新を行うトレンドもあります（以前は原稿や
データをベンダーに渡してシステムに登録してもらう方法だった）。
クラウドサービスは、廉価かつ迅速に利用できることから、さまざ
まな規模の自治体や業務に活用されるようになりました。一方で、
大規模な個人情報を取り扱う住民情報系のシステムでは、セキュリ
ティの観点からパブリック・クラウドの利用を手控える傾向もあり
ました。

（2）事業方式と庁内の役割

　一般的なシステム導入の形態は、個々の自治体にてIT資産を調達
する「単独調達」です。庁舎内にサーバーを置くための電算機室を
設置し、そこに付帯設備として空調や非常用電源、免震床等を装備
します。大都市では、複数の汎用機や大型高速プリンターを保有し

なければならないことから、本庁舎とは別にこれら機器を収納するための専用の建物（データセンター）を保有するケースもあります。

　複数の自治体でIT資産を共用する「共同利用」は、地域の電算（計算）センターの歴史と深い関わりがあります。1960年代後半から、地域の有力企業（電力、通信、銀行等）出資のもとに設立された電算センターには、自治体が出資するケース（第三セクター）もあり、中小規模の自治体を中心に汎用機を共同（県域等）[2]で利用することが可能でした。総務省は、この事業方式を（汎用機以外の共同利用も含めて）「**自治体クラウド**」と呼び、積極的に推進しました。

　そして、近年増加しているのは、クラウド等の民間リソースを利用する「サービス利用」です。自治体がIT資産を保有したり、データセンターに出資したりすることはなく、民間サービスを契約で一定期間利用するもので、個々の自治体で契約することから「単独クラウド」とも呼ばれています。2000年以降、電算機室等を廃止して、クラウドサービスのハウジングやIaaS（Infrastructure as a Service）を利用するケースが増えていますが、対象となっているシステムは、住民情報系や内部管理系等、従来存在する大〜中規模のシステムです[3]。

　導入方式の変化は、情報システムの導入や運用における庁内の役割分担に反映されます。汎用機の調達や共同利用では、導入や運用において事業を集約・統制する必要があることから、情報化推進部門（情報政策課、情報システム課）が大きな役割を担っています。

2　総務省「自治体クラウドの現状分析とその導入に当たっての手順とポイント」（2016年8月）
3　基幹系システム（住民情報系、内部管理系）以外では、CMSやグループウェア、地図ソフト、SNS等、新しいサービスについて、SaaSを利用するケースが増えている。

一方で、クラ・サバ方式やパッケージ利用になると、導入や運用の主体が次第にユーザー部門（市民課、税務課、国民保険課等）にシフトするようになり、SaaS（Software as a Service）型サービス（クラウド上にあるソフトウエアをインターネット経由で利用するサービス）においては、ユーザー部門が主体になることも珍しくありません。

Ⅱ　標準化・ガバメントクラウドの経緯

(1) 共通化・標準化のタイプ

　行政機関での情報処理や情報流通において共通化・標準化をはかる方法は、3つのタイプに分類できます（図表1-1）。最初のタイプ（**A**）「**全国クラウド型**」は、国が共通システムを構築して、

図表1-1　共通化・標準化のタイプ

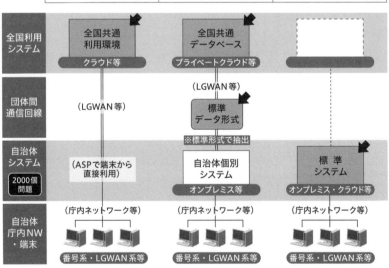

	A	B	C
	全国クラウド型	全国共有DB型	自治体環境標準化型
	全国共通のシステムを自治体がオンライン利用 例：国勢調査、ADAMS、政治資金、マイナポータル、マイキー	全国共有DBに自治体から標準データ形式で情報連携 例：マイナンバー中間サーバー、住基ネット、eMAFF農地ナビ	標準ソフトまたは標準仕様に基づいたシステムを自治体が採用 例：JACIC電子入札、国保標準、後期高齢、公会計、被災者

（凡例）：共通化・標準化のポイント

出典：著者作成

自治体がオンラインで利用するシステムであり、政治資金・政党助成関係申請・届出オンラインシステムや国勢調査オンライン調査システム、マイナポータル等があります。次のタイプ（**B**）「**全国共通データベース型**」は、国が主導して全国データベース（DB）を構築し、自治体システムから標準化されたデータ形式で情報連携を受ける（副本登録される）ネットワークシステムであり、マイナンバーの中間サーバー、住民基本台帳ネットワーク、eMAFF農地ナビ等があります。3番目のタイプ（**C**）「**自治体環境標準化型**」は、個々の自治体が保有するシステムのプログラム、あるいはその仕様を標準化するものであり、国が標準化されたソフトウエアを自治体に配布したり、ソフトウエアを構築するための標準仕様書を配布し

図表1－2　標準ソフト例

	入　札	後期高齢者医療制度	地方公会計制度	国民健康保険制度
	電子入札 コアシステム	広域連合電算 処理システム	地方公会計 標準ソフトウエア	市町村事務処理 標準システム
提供 開始	平成14(2002)年度〜	平成20(2008)年度〜	平成27(2015)年度〜	平成29(2017)年度〜
提供	●提供：JACIC ●制度所管：国土交通省	●提供：国保中央会 ●制度所管：厚生労働省	●提供：J-LIS ●制度所管：総務省	●提供：国保中央会 ●制度所管：厚生労働省
経緯	●90年代に建設CALSの検討から開始	●制度で標準システムを使うことを明記	●平成27.1.23総務大臣通知にて平成29年度までに、統一的な基準による財務書類の作成を要請	●平成30年度から都道府県が市町村とともに国民健康保険の運営を行う制度改正
利用 団体	●都道府県、市区町村 ●約600団体（約30%）	●市区町村 ●約1700団体（100%）	●都道府県、市区町村 ●約?団体	●市区町村 ●約250団体（約15%）
主な 機能	●公共調達の案件登録、利用者認証 ●提案、開札、結果通知	●資格管理、賦課、収納、給付 ●窓口端末、窓口処理サーバ、連携サーバ	●固定資産台帳、財務書類作成、財務書類活用	●資格管理、保険料賦課、給付、保険料収納
導入 形態	●カスタマイズ：可能 ●サーバー：オンプレ/クラウド	●カスタマイズ：不可? ●サーバー：オンプレ/クラウド	●カスタマイズ：不可? ●サーバー：オンプレ?	●カスタマイズ：不可 ●サーバー：オンプレ/クラウド

出典：著者作成

たりします。

　国等が標準化されたソフトウエアを自治体に配布する「標準ソフト」は、主に新しい制度・サービスの開始に伴い国がソフトウエアを準備するもので、後期高齢者医療制度や地方公会計制度等の事例があります（図表1−2）。

　一方、国等が自治体に共通の仕様書を配布する「標準仕様書」は、自治体が長年事務を行ってきた事業分野に向けたものですが、標準化の法制定による今回の標準化の動きが始まるまでは、主な事例として3つ程度しかなく、あまり過去に経験のなかった手法といえます（図表1−3）。

図表1−3　標準仕様書例

	戸籍制度	――――	――――
	戸籍システム標準仕様書	地域情報プラットフォーム標準仕様書	中間標準レイアウト仕様
提供開始	平成6 (1994) 年度〜	平成18 (2006) 年度〜 ※標準仕様書V1.0	平成24 (2012) 年度〜 ※標準仕様書V1.0
提　供	●提供：戸籍標準仕様研究会 ●制度所管：法務省	●提供：APPLIC ●制度所管：総務省	●提供：J-LIS ●制度所管：総務省
経　緯	●戸籍の電算化を認める「改正戸籍法」(平成6年)にあわせて策定、平成16.4.1付法務省民一第928号民事局長通達で準拠することを義務化	●eJapan戦略やIT戦略本部等で自治体の情報化が提言される中、平成18年に公共システム分野のベンダを中心にAPPLICが設立され標準化を推進	●総務省は自治体クラウドへの円滑なデータ移行を実現するために平成24年に公開、平成25年よりJ-LISが維持管理を担当
利用団体	●市区町村 ●約1700団体 (100%)	●市区町村 ●1561団体 (90%)	●市区町村、ベンダー
主な機能	●届出管理、戸籍作成・変更 ●検索、証明書発行、統計	●自治体システム間の情報連携の際のインターフェイスやデータ形式 ●住基、税等26業務について標準化	●自治体システム間のデータ移行の際のデータ形式 ●住基、税等27業務について標準化
備　考	●戸籍統一文字 (5万字) 採用 ●令和6 (2024) 年に情報連携開始予定	●(一財) 全国地域情報化推進協会 (APPLIC) は自治体業務システムに係る標準化を推進	●地域情報プラットフォーム標準仕様との整合性を推進

出典：著者作成

（2）クラウドのタイプ

　自治体のクラウド利用では、複数団体で地域の電算センターを共同利用する「**自治体クラウド**」が主流でした。事業形態は、共同アウトソーシングであり、県内の複数の自治体による合意形成が必要になるため、取り組みへのハードルが高いという側面がありました。

　2010年代以降に利用が進んだ「**単独クラウド**」は、個々の自治体がベンダーとの契約によりオンラインでシステムを利用するものです。個別の契約となるため、自治体クラウドのような地理的な制約（県内で合意形成）はなくなるように思えますが、通信に専用線を利用するため、アクセスポイントを考慮したサービス選定となります。

　2003年に始まった「**LGWAN-ASP**[4]」は、個々にベンダーと契約

図表1－4　クラウド例

		コミュニティクラウド（共同利用型）	プライベートクラウド	コミュニティクラウド（選択型）
		自治体クラウド	単独クラウド	LGWAN-ASP
概　要		●近隣（主に県内）の自治体が地域のデータセンターにあるシステムを共同利用する	●個々の自治体がベンダーとの契約によりオンラインでシステムを利用する	●LGWANにつながっている自治体に向けてベンダーが提供するサービス
データセンター		●地域のデータセンター ●自治体が出資する、職員を出向させるなど関係は深い	●ベンダーのデータセンター ●契約が終了すれば切り替えることができる	●ベンダーのデータセンター ●契約が終了すれば切り替えることができる
サービス形態		●SaaS	●大都市：ハウジング, IaaS	●SaaS
回　線		●専用線 ●地域情報ハイウェイ	●専用線	●LGWAN
利用システム		●住民情報系 ●内部管理系	●住民情報系 ●内部管理系	●住民情報系と連携するサブシステム ●電子申請等外部と通信を行うシステム

出典：著者作成

するので単独クラウドに近い事業形態（サービス利用）になりますが、通信回線としてLGWAN[5]を利用する点に特徴があります。自治体共用回線を利用することにより回線コストは廉価に抑えられるものの、回線速度も相応のため（通常は、各県100MBの回線を県内自治体でシェアして利用する）、規模の大きなシステムは利用しづらく、現状は基幹系システムそのものではなく、周辺システムを中心とした利用にとどまっています。

（3）標準仕様書とガバメントクラウドの経緯

　自治体の基幹系システム（住民情報系が中心）に、標準仕様書を適用しようとする動きは、「**自治体戦略2040構想研究会**」の報告[6]（2018年）を受けてスタートしました。当初は総務省を中心として推進しており、同省の所管する制度（住民基本台帳法）における自治体での事務を担う「住民記録システム」の標準仕様書作成に着手[7]しました（2019年8月）。この時点では、他省庁に標準ソフトを推進する事業が併存する状況[8]でしたが、2019年12月の経済財政諮問会議において、対象事務を17個に拡大し、政府全体による標準仕様書作成の方針[9]が明確になりました。

　2020年に始まったコロナ禍において、行政の効率化やデジタル

4　地方公共団体情報システム機構「LGWAN-ASP について」＜ https://www.j-lis.go.jp/lgwan/asp/cms_15041.html ＞

5　現在は第4次LGWAN。2025年度より第5次LGWANの提供が開始される。

6　総務省「自治体戦略2040構想研究会」（2018年7月）

7　総務省「自治体システム等標準化検討会（住民記録システム等標準化検討会」＜ https://www.soumu.go.jp/main_sosiki/kenkyu/jichitaishisutemu_hyojunka/index.html ＞

8　国民健康保険の市町村事務処理標準システム等

9　「新経済・財政再生計画 改革工程表2019」（2019年12月）

化が喫緊の課題となり、同年6月には「マイナンバー制度及び国と地方のデジタル基盤抜本改善ワーキンググループ[10]」(**マイナンバーWG**)が発足し、国と自治体が連携した情報処理について議論されました。構成員より提言された「ガバメントクラウド」は、同年12月の「デジタル・ガバメント実行計画[11]」に政府方針として明記されます。

　2021年5月に成立した「地方公共団体情報システムの標準化に関する法律(令和3年法律第40号)」(標準化法)には、標準仕様書とクラウド技術の利用について規定され、対象となった事務制度を所管する府省庁により標準仕様書の作成が着手されます。また、翌年の政令[12]・命令[13]にて対象事務が20個に拡大され、2022年8月には、20個の標準仕様書が出そろうことになりました[14]。

　今後は、「**地方公共団体情報システム標準化基本方針**[15]」(基本方針)に基づき、2025年度末に向けて標準化とガバメントクラウド移行を進めていくことになります。

10　マイナンバー制度及び国と地方のデジタル基盤抜本改善ワーキンググループ
　　＜https://www.digital.go.jp/councils/mynumber-digital-basis-wg＞
11　「デジタル・ガバメント実行計画」(2020年12月25日閣議決定)
12　「地方公共団体情報システムの標準化に関する法律第二条第一項に規定する標準化対象事務を定める政令(令和4年政令第1号)」
13　「地方公共団体情報システムの標準化に関する法律第二条第一項に規定する標準化対象事務を定める政令案及び同令に規定するデジタル庁令・総務省令で定める事務を定める命令(令和4年デジタル庁・総務省令第1号)」
14　「人口動態調査事務」と「火葬等許可事務」について、戸籍システムとセットで導入されることが多いことから、2023年8月に追加で標準仕様書が作成された(制度所管である厚生労働省が担当)。ただし、戸籍事務の関連とされ、新たな事務としてはカウントされない。
15　「地方公共団体情報システム標準化基本方針」(2023年9月8日閣議決定)

図表 1 - 5　自治体システム標準化・ガバメントクラウドの経緯

日　付	概　要	
平成30（2018）年6月	自治体戦略2040構想研究会第2次報告書（総務省）	→ 自治体システム標準化の提言
令和元（2019）年5月	地方自治体における業務プロセス・システムの標準化及びAI／ロボティクスの活用に関する研究会報告書（総務省）	
令和元（2019）年12月	新経済・財政再生計画改革工程表2019（経済財政諮問会議） デジタルガバメント実行計画（閣議決定） ※17業務を標準化の対象とする	→ 標準化の方針
令和2（2020）年4月30日	特別定額給付金予算成立	
令和2（2020）年6月	第32次地方制度調査会答申	
令和2（2020）年9月	マイナンバー制度及び国と地方の デジタル基盤抜本改善ワーキンググループ（第3回） ※クラウドベースの共通システムへ移行すること等について提言	→ トータルデザインの提言
令和2（2020）年9月	住民記録システム標準仕様書（第1.0版）公表（総務省）	
令和2（2020）年12月	デジタルガバメント実行計画（閣議決定） ※ガバメントクラウドの活用について検討（統一・標準化）	→ ガバメントクラウドの方針
令和3（2021）年5月	デジタル改革関連法案成立 **地方公共団体情報システムの標準化に関する法律**成立 （同年9月施行）	→ 標準化・クラウド利用の法制定
令和3（2021）年6月	デジタル社会の実現に向けた重点計画（閣議決定） ※戸籍、戸籍の附票、印鑑登録を標準化対象として検討	
令和3（2021）年12月	デジタル社会の実現に向けた重点計画（閣議決定） ※戸籍、戸籍の附票、印鑑登録を標準化対象に追加	
令和4（2022）年1月	地方公共団体情報システムの標準化に関する法律第二条第一項に規定する**標準化対象事務を定める政令**等公布・施行 ※20業務を標準化の対象とする	→ 標準化対象事務の拡大
令和4（2022）年10月	**地方公共団体情報システム標準化基本方針**（閣議決定）	
令和4（2022）年8月	府省庁より標準化対象事務すべての（20）の標準仕様書発出完了	

出典：デジタル庁「地方自治体の基幹業務システムの統一・標準化について」（2022年11月）に著者加筆

Ⅲ 国の推進体制の変化

　2021年9月にデジタル庁が発足したことにより、自治体の情報化における国の推進体制が変化しました。従来、この分野において総務省自治部局が担っていた役割の一部がデジタル庁に移管しました。具体的には、デジタル庁は、①マイナンバー、マイナンバーカード、公的個人認証（JPKI）等デジタル化の基盤に関わる企画・立案業務を行い、②自治体のシステムについて統括・監理を行い、そして③自治体が利用するプラットフォームについてシステム整備を行います[16]。

　デジタル庁が自治体の情報化を推進するにあたり、従来の国の姿勢と異なる点がいくつかあります。最初に、デジタル庁は、「**国と自治体の情報システムを包括的に捉えた視点から事業を立案**」しているという点です。特にこの視点は、同庁が事務局を担当するマイナンバーWGの検討内容に顕著に表れています。同WGで提唱された、国・自治体のシステムを包括する「トータルデザイン」の構想や、国・自治体のシステムが連携してデータ流通をする基盤である「公共サービスメッシュ」にその考えが具現化されています。これらは、「地方公共団体情報システム標準化基本方針[17]」（基本方針）にも記載されていることから、標準化後の自治体システムと密接な関係の事業になることが予想されます。

　次に、デジタル庁は、「**自治体が利用する情報基盤を整備し、運用する**」という点です。過去に国主導で構築した住民基本台帳ネッ

16　デジタル庁「ホームページ＞政策」＜https://www.digital.go.jp/policies＞
17　「地方公共団体情報システム標準化基本方針」（2023年9月8日閣議決定）

トワークシステム（住基ネット）やマイナンバーの中間サーバーは、自治体の業務システムと連携する全国データベースシステムであり、自治体の業務システムにおいて周辺の位置づけでした（主たる業務システムから情報を提供する先に位置する）。一方、デジタル庁が提供するガバメントクラウドは、自治体の業務システムを稼働させるための基盤（PaaS（Platform as a Service）環境）であり、国は自治体システムの根幹部分を担うことになりました。

　この後のChapterでは、自治体システム標準化とガバメントクラウドの各事業について解説します。

Chapter 2

自治体システム標準化

Ⅰ 法令

（1）法規体系

　自治体システム標準化に関わる法規体系は、「地方公共団体情報システムの標準化に関する法律（令和3年法律第40号）」（**標準化法**）を頂点として、**政令**[1]・**命令**[2]とつづき、**基本方針**[3]、**標準仕様書群**、手順書類から構成されています（図表2－1）。標準化法では、目的や基本理念のほか、標準化の基準（標準仕様書）作成の方法について規定しています。つづく、政令・命令では対象事務を規定しており、政令では対象事務の根拠法を、命令では対象事務の根拠法における条項をそれぞれ列挙しています。基本方針は、目標や期限のほか、推進体制・推進方法、標準仕様書策定の方針等を含む実務面の指針となっており、2023年9月に改定されました。

　標準仕様書群は、政令・命令に規定された対象事務を所管する国の府省庁により作成されており、対象事務を実施するために用いられる自治体の情報システムの仕様書です。従来、個々の自治体から別個の内容のものが発出されていたものが、今後は全国共通の内容にそろうことになります。作成を担当する府省庁では、それぞれ自治体職員や有識者、事業者などからなる検討会議を立ち上げて検討した結果、2022年8月には20個[4]の対象事務について標準仕様書

1　「地方公共団体情報システムの標準化に関する法律第二条第一項に規定する標準化対象事務を定める政令（令和4年政令第1号）」
2　「地方公共団体情報システムの標準化に関する法律第二条第一項に規定する標準化対象事務を定める政令に規定するデジタル庁令・総務省令で定める事務を定める命令（令和4年デジタル庁・総務省令第1号）」
3　「地方公共団体情報システム標準化基本方針」（2023年9月8日閣議決定）

が出そろいました[5]。

　手順書類は、自治体が標準化に取り組むための作業や順序、手法についての手順書[6]と、基金[7]についての事務処理要領、国と自治体のコミュニケーションのためのツール[8]等から構成された実務マニュアル群です。

4　「人口動態調査事務」と「火葬等許可事務」について、戸籍システムとセットで導入されることが多いことから、追加で標準仕様書を作成している（制度所管である厚生労働省が担当）。ただし、戸籍事務の関連とされ、新たな事務としてはカウントされない。

5　デジタル庁「ホームページ＞政策＞地方公共団体の基幹業務システムの統一・標準化＞関連情報＞開催状況」<https://www.digital.go.jp/policies/local_governments>

6　総務省「自治体情報システムの標準化・共通化に係る手順書【第3.0版】」（2023年9月）

7　総務省「デジタル基盤改革支援基金（自治体情報システムの標準化・共通化分）」（R2第3次補正予算、R3第1次補正予算）

8　標準化PMO（自治体情報システムの標準化・共通化に進捗状況の把握・情報提供等のためのオンラインツール）

図表２－１　自治体システム標準化関係法規体系

地方公共団体情報システムの標準化に関する法律　令和3年法律第40号

地方公共団体情報システムの標準化に関する法律第二条第一項に規定する標準化対象事務を定める法律

地方公共団体情報システムの標準化に関する法律第二条第一項に規定する標準化対象事務を定める政令 [法5②①]　令和4年政令第1号

標準化対象事務を定めるデジタル庁・総務省令 [法5②①]　令和4年デジタル庁・総務省令第1号

地方公共団体情報システム標準化基本方針 [法5⑤]　2.0版 2023.9

標準化法上の法規範となるもの（標準仕様）

標準化対象事務の標準仕様

住民記録システム標準仕様書 4.1版 2023.8	印鑑登録システム標準仕様書 3.1版 2023.8	戸籍情報システム標準仕様書 2.0版 2023.8	戸籍附票システム標準仕様書 2.1版 2023.8
選挙人名簿管理システム標準仕様書 1.2版 2023.8	税務システム標準仕様書 3.0版 2023.3	就学事務システム（学齢簿編製等）標準仕様書 2.1版 2023.8	就学事務システム（就学援助）標準仕様書 2.1版 2023.8
健康管理システム標準仕様書 1.1版 2023.3	児童扶養手当システム標準仕様書 1.1版 2023.3	生活保護システム標準仕様書 2.1版 2023.8	障害者福祉システム標準仕様書 1.1版 2023.3
介護保険システム標準仕様書 2.1版 2023.3	国民健康保険システム標準仕様書 2.0版 2023.3	後期高齢者医療システム標準仕様書 1.1版 2023.3	国民年金システム標準仕様書 1.1版 2023.3
児童手当システム標準仕様書 1.1版 2023.3	子ども・子育て支援システム標準仕様書 1.1版 2023.3	人口動態調査事務標準仕様書 1.0版 2023.8	火葬等許可事務システム標準仕様書 1.0版 2023.8

地方公共団体情報システムのデータ要件・連携要件標準仕様書 [法5⑦]　2.0版 2023.3

地方公共団体情報システム非機能要件の標準 [法5⑦]　1.1版 2022.8

地方公共団体情報システムの標準化に係る手順書 [法5⑦]　1.0版 2022.10

地方公共団体情報システム共通機能標準仕様書 [法5⑦]　2.1版 2023.9

自治体情報システムのガバメントクラウドの利用に関する基準 [法5⑨②]　2.0版 2023.3

デジタル基盤改革支援補助金事務処理要領・Q&A・FAQ [法5⑨②]　3.0版 2023.9

標準化PMO上のFAQ等 [法5⑨②・⑤11]　2022.3改定

ガバメントクラウド利用における推奨構成（AWS／Azure／Google Cloud／OCI編）　2023.3改定

出典：総務省「自治体情報システムの標準化・共通化に係る手順書【第3.0版】」（2023年9月）に著者加筆

32

（2）標準化法

　「地方公共団体情報システムの標準化に関する法律（令和3年法律第40号）」（**標準化法**）の第3章では、標準化の基準（標準仕様書）の作成の方法について規定しています。これに基づいて標準化対象事務の法令を所管する府省庁が標準仕様書を作成します。そして、作成に際しては「地方公共団体その他の関係者の意見を反映」（同法第3章第6条3項）とされています。一方で、システム間で共通する基準については、デジタル庁等が基準を作成しますが（同法第3章第7条1項）、そこには、①共通機能やデータ要件、②セキュリティ、③クラウドサービスの利用等が含まれています（同法第2章第5条2項）。

　自治体が標準仕様書を採用することについては、「地方公共団体情報システムは、標準化基準に適合するものでなければならない」（同法第3章第8条1項）とされており、「**義務規定**」となります。一方で、「標準化対象事務以外の事務を地方公共団体情報システムを利用して一体的に処理することが効率的であると認めるときは、（中略）当該事務を処理するため必要な最小限度の改変又は追加を行うことができる」（同法第3章第8条2項）と記載されていることから、自治体が条例等により対象事務の周辺領域で独自のサービスを行っている場合は、標準仕様書で定義されたシステムに改変や追加が可能であることも示唆しています。

　クラウドサービスの利用については、「国による環境の整備に関する措置の状況を踏まえつつ、当該環境においてクラウド・コンピューティング・サービス関連技術を活用して地方公共団体情報システムを利用するよう努めるものとする」（同法第4章第10条1項）とされており、国が整備したクラウド環境（後述する「ガバメ

ントクラウド」のこと）を自治体が極力利用する「努力規定」になっています。

また、「国は、地方公共団体情報システムの標準化のために必要な財政上の措置を講ずるよう努めるものとする」（同法第４章第11条１項）とされており、これに基づき基金[9]が設置されました。

図表２－２　標準化法の概要

趣旨

国民が行政手続において情報通信技術の便益を享受できる環境を整備するとともに、情報通信技術の効果的な活用により持続可能な行政運営を確立することが国及び地方公共団体の喫緊の課題であることに鑑み、地方公共団体情報システムの標準化について、基本方針及び地方公共団体情報システムに必要とされる機能等についての基準の策定その他の**地方公共団体情報システムの標準化を推進するために必要な事項を定める。**

概要

① 情報システムの標準化の対象範囲

- 各地方公共団体における事務の処理の内容の共通性、住民の利便性の向上及び地方公共団体の行政運営の効率化の観点から、標準化の対象となる事務を政令で特定

※ 児童手当、子ども・子育て支援、住民基本台帳、戸籍の附票、印鑑登録、選挙人名簿管理、固定資産税、個人住民税、法人住民税、軽自動車税、戸籍、就学、健康管理、児童扶養手当、生活保護、障害者福祉、介護保険、国民健康保険、後期高齢者医療、国民年金

② 国による基本方針の作成

- 政府は、地方公共団体の情報システムの標準化の推進について、基本方針を作成
- 内閣総理大臣、総務大臣及び所管大臣が、関係行政機関の長に協議、知事会・市長会・町村会等から意見聴取の上、方針案を作成

③ 情報システムの基準の策定

- 所管大臣は、①の事務の処理に利用する情報システムの標準化のための基準（省令）を策定
- 内閣総理大臣及び総務大臣は、データ連携、サイバーセキュリティ、クラウド利用等各情報システムに共通の事項の基準（省令）を策定
- 策定時に地方公共団体等の意見反映のための措置を実施

④ 基準に適合した情報システムの利用

- 地方公共団体が①の事務の処理に利用する情報システムは、③の省令で定める期間内に基準に適合することが必要
- ①の事務と一体的に処理することが効率的である場合に、基準に適合する情報システムの機能等について、①の事務以外の事務を処理するために必要な最小限度の追加等が可能

⑤ その他の措置

- 地方公共団体は、国による全国的なクラウド活用の環境整備の状況を踏まえつつ、当該環境においてクラウドを活用して情報システムを利用するよう努める
- 国は、標準化のために必要な財政措置を講ずるよう努めるとともに、地方公共団体における標準化の状況の把握や地方公共団体が基準への適合を判断するための支援等を実施

⑥ 施行期日等

- 令和３年９月１日
- 法律の施行後５年を経過した場合において、法律の施行の状況について検討を加え、その結果に基づいて必要な措置を講ずる

出典：総務省「自治体情報システムの標準化・共通化について」（2022年８月）

9　総務省「デジタル基盤改革支援基金（自治体情報システムの標準化・共通化分）」（Ｒ２第３次補正予算、Ｒ３第１次補正予算）

Ⅱ　事業概要

（1）事業スキーム

　標準化の基本的な事業スキームは、①自治体システムのベンダー（複数）は、標準仕様書に合致したソフトウエアを開発し、②そのソフトウエアを全国からアクセス可能な環境（データセンター等）に収納し、③自治体は、カスタマイズなしにシステムをオンラインで利用する、というものです。概要は、従来のLGWAN-ASPのし

図表2－3　標準化の事業スキーム

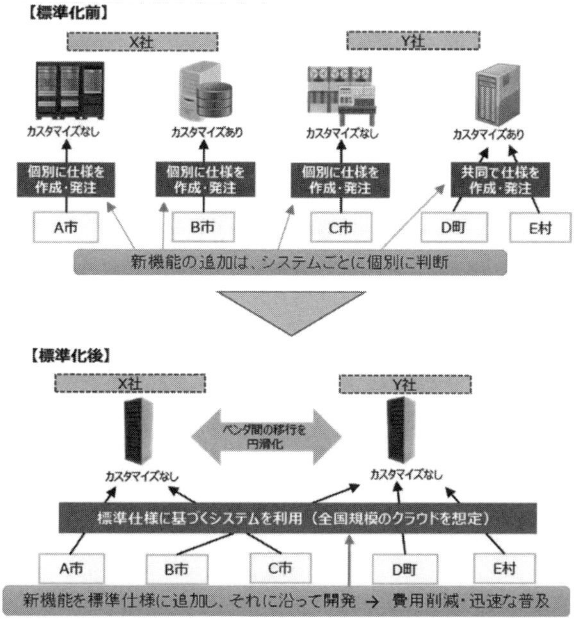

出典：総務省「自治体情報システムの標準化・共通化について」（2022年8月）

くみに類似していますが、ア）ソフトウエアは標準仕様書に準拠するため、各社が同じ仕様のものを提供する点と、イ）収納するデータセンターは国が調達する「ガバメントクラウド」という点が異なります。ガバメントクラウドとは、国が調達するPaaS環境であり、複数のクラウドサービスのなかから選ぶことができます。ガバメントクラウドについては、Chapter 3にて詳しく解説します。

（2）特徴・メリット

ア　ソフトウエアの標準化によるメリット

　従来、情報システム調達の仕様書は、各自治体で作成していました。その結果、①自治体で仕様書作成の事務作業が発生する、②ベンダーでは個別の仕様書に合わせたソフトウエア開発が発生する、といった負担が生じていました。

　①は、開発時のみならず、制度改正等による機能改修においても発生することから、特に人的資源（情報部門の職員数、IT知見）の限られる小規模団体において大きな負担となっていました。標準仕様書は制度を所管する府省庁が作成するため、この仕様書に変わることで、**自治体での事務負担が低下**します。特に制度改正の際、仕様書のどこに影響があるのか判断することの難易度が高く、この仕様書に変わることで、業務負担低下の効果があると考えられます。

　②は、ベンダーが個々の自治体に合わせた開発をするために、団体ごとに拠点や人員を配備しなければならず、効率的な作業を妨げる状況を招いていました。標準仕様書に変わると、管理すべきソフトウエアはひとつの種類になるため、本社等で**集約して開発・更新が効率的**に行えるうえ、多岐に派生したバージョン管理が不要になることからトラブルの発生（プログラムへのパッチ適用漏れ等）も

抑制できます。

　これらが実現すると、住民や新規参入のベンダーにもメリットがあります。小規模団体では予算や仕様書作成の知見不足から高性能の機能を諦めるという状況もありましたが、今後は同一仕様のため、他都市と同じ機能によるサービスを提供できる可能性があります。また、ベンダーにおいても、新規参入のハードルが下がることから、競争による新たなサービスの登場に期待が高まります。

イ　システムの全国オンライン化によるメリット

　従来、情報システムは、各自治体の庁舎内（オンプレミス）や自治体が個別に調達したデータセンター（プライベートクラウド）のサーバーに収納されていました。その結果、①自治体でサーバーを調達しなければならない、②ベンダーでは個別の環境にサーバーを設置し運用しなければならない、といった作業が生じていました。

　①は、サーバーの調達のほか、電算機室等のインフラ（空調、ラック、非常用電源、免震床等）の調達・運用・更新や、電算センター等共同利用の団体間調整等が自治体の大きな負担となっていましたが、データセンター（ガバメントクラウド）を国が調達することにより、自治体は**利用契約と設定を行えばリソースを使うことが可能**になります。

　②は、サーバーの設置・運用を個別環境で行わなければならないことから、ベンダーは人員を常時その環境に配置したり、セキュリティ対策を実施したりしなければなりませんでしたが、クラウドサービスの利用により、これらのかなりの部分の業務が不要になるうえ、従来は困難であった**急なリソースの変化（選挙や臨時の給付金支給等へのシステム対応）**にも対応しやすくなります。

　また、標準化と全国クラウド化が同時に実現することは、上記以

外にもさまざまなメリットをもたらします。標準仕様書によりデータ形式が統一化され、システムがオンラインで結ばれるということは、団体間（国や自治体、自治体間）を連携したさまざまなサービスの可能性が広がります。それについては、Chapter 6「デジタル行政の将来像」にて詳しく解説します。

（3）目標・期限

ア　期限

　基本方針[10]には、標準化対応の期限として、**2025年度末（2026年3月末）の期日**が設定されています。自治体は、それまでに自団体のシステムを標準化環境へ移行し、国はそのための支援を行うとされています。一方で、メインフレーム等困難な環境から移行するケース（大都市等）や既存ベンダーの撤退により代替ベンダー選定が困難なケース（全国的な繁忙により、対応できる事業者が確保できない）においては、「デジタル庁及び総務省は、当該システムの状況を十分把握した上で、標準化基準を定める省令において、所要の移行完了の期限を設定する」とされています。ただし、「この場合であっても、令和8年（2026年）3月末までに、当該システムをデータ要件の標準に関する標準化基準には適合させる」とされているため注意が必要です。

　標準仕様書にはいくつもの版が存在し、標準化の作業中においても新しい版が発出されることがありますが、上記の期限が適用されるのは、2023年3月末時点で公表されている標準仕様書についてです[11]。これ以降に発出された版の標準仕様書については、原則

---

10 「地方公共団体情報システム標準化基本方針」（2023年9月8日閣議決定）

「制度改正等の政策上必要と判断されるものを除き、令和8年度（2026年度）以降のシステム改修時において、標準に適合する」とされています。制度改正等の政策上必要なものとしては、毎年度発生する税制改正に対応した、税務システム標準仕様書への対応等が想定されます。

図表2－4　スケジュール

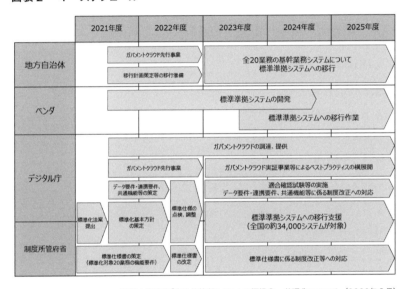

出典：総務省「自治体情報システムの標準化・共通化について」（2023年8月）

イ　目標

　基本方針では、目標として「**標準化対象事務に関する情報システムの運用経費等については、標準準拠システムへの移行完了後に、**

11　2023年8月に「人口動態調査事務システム標準仕様書」と「火葬等許可事務システム標準仕様書」が追加されたが、従来の戸籍システムのサブシステムとして含まれているという整理がされている。

平成30年度（2018年度）比で少なくとも3割の削減を目指す」と
されています。そのため、国は、デジタル3原則に基づくBPRを含
めた業務全体の運用費用の適正化のための取り組み（実証事業、検
証環境）を行うとともに、自治体の進捗管理（課題解決、計画策定、
助言）を行います。一方で、期限までの達成状況や実証事業、物価
変動等を勘案して、必要に応じた見直しを行う可能性があります。

（4）標準化対象事務・範囲

ア　標準化対象事務

　標準化の対象となる事務は、標準化法に連なる**政令・命令にて規
定された20個の事務**です（図表2－5）[12]。一部の事務[13]を除き、
国の法令で規定された事務であり、これら事務における自治体での
業務は、国の法令に基づいた方法で実施されていることから、それ
に用いるシステムの標準化も合理的と考えられました。また、戸籍
のように過去に標準仕様書が策定されていた事務も含まれています
（Chapter 1参照）。

　これら20事務は、国の法令に基づいているとはいえ、自治体の
条例によるバリエーションがある部分もあります。法令にはない
サービスを条例により付加して提供していたり、法令を基礎としな
がらも条例で金額を加算したり（上乗せ）、対象者の幅を広げたり
（横出し）するなど条件を変更しているケースもあるため、どのよ
うに標準システムで対応するのかが課題となります。

12　「人口動態調査事務」と「火葬等許可事務」について、戸籍システムとセット
　　で導入されることが多いことから、2023年8月に追加で標準仕様書が作成され
　　た（制度所管である厚生労働省が担当）。ただし、戸籍事務の関連とされ、新
　　たな事務としてはカウントされない。
13　印鑑登録

図表2－5　標準化対象事務

政令で定める主な標準化対象事務	
①児童手当 ・児童手当又は特例給付の支給に関する事務 **②子ども・子育て支援** ・子どものための教育・保育給付若しくは子育てのための施設等利用給付の支給、特定教育・保育施設、特定地域型保育事業者若しくは特定子ども・子育て支援施設等の確認又は地域子ども・子育て支援事業の実施に関する事務 **③住民基本台帳** ・住民基本台帳に関する事務 ・中長期在留者の住居地の届出又は外国人住民に係る住民票の記載等についての通知に関する事務 ・特別永住者の住居地の届出に関する事務 ・個人番号の指定に関する事務 ・住居表示に係る事項の通知に関する事務 **④戸籍の附票** ・戸籍の附票に関する事務 **⑤印鑑登録** ・印鑑に関する証明書の交付に関する事務 **⑥選挙人名簿管理** ・選挙人名簿又は在外選挙人名簿に関する事務 ・投票人名簿又は在外投票人名簿に関する事務 **⑦、⑧、⑨、⑩　地方税** ・個人の道府県民税（都民税を含む。）若しくは市町村民税（特別区民税を含む。）、法人の市町村民税、固定資産税、軽自動車税、都市計画税又は森林環境税の賦課徴収に関する事務 **⑪戸籍** ・戸籍に関する事務 **⑫就学** ・就学義務の猶予若しくは免除又は就学困難と認められる学齢児童又は学齢生徒の保護者に対する必要な援助に関する事務 ・学齢簿に関する事務 ・就学時の健康診断に関する事務	**⑬健康管理** ・健康教育、健康相談その他の国民の健康の増進を図るための措置に関する事務 ・母性並びに乳児及び幼児に対する保健指導、健康診査、医療その他の措置に関する事務 ・予防接種の実施に関する事務 **⑭児童扶養手当** ・児童扶養手当の支給に関する事務 **⑮生活保護** ・生活保護の決定及び実施又は就労自立給付金若しくは進学準備給付金の支給に関する事務 **⑯障害者福祉** ・障害児通所給付費、特例障害児通所給付費、高額障害児通所給付費、肢体不自由児通所医療費、障害児相談支援給付費又は特例障害児相談支援給付費の支給に関する事務 ・特別児童扶養手当、障害児福祉手当又は特別障害者手当の支給に関する事務 ・福祉手当の支給に関する事務 ・自立支援給付の支給に関する事務 **⑰介護保険** ・介護保険に関する事務 **⑱国民健康保険** ・被保険者の資格の取得若しくは喪失、保険給付の実施又は保険料の賦課及び徴収に関する事務 **⑲後期高齢者医療** ・被保険者の資格の取得若しくは喪失又は保険料の徴収に関する事務 **⑳国民年金** ・被保険者の資格の取得若しくは喪失、年金である給付若しくは一時金の支給、付加保険料の納付又は保険料の免除に関する事務 **※その他**　①～⑳までの事務に附帯する事務

出典：総務省「自治体情報システムの標準化・共通化について」（2022年8月）

　これら20事務を担う情報システムは、必ずしも20個とは限りません。ひとつのシステムで関連する複数の事務を行うケース（例：住民記録システムで「住民基本台帳」と「印鑑登録」の事務を行う）や小規模団体の利用するオールインワンパッケージ等、多くの事務をひとつのシステムで処理するケースもあります。各システムベンダーは、自社のシステムが対象となる事務を見極め、その標準仕様書に漏れなく準拠することが求められます。ただし、当該の事務についてシステムを利用していない場合（例：表計算ソフトでの台帳管理のみ）は、新たに標準化に対応したシステムを導入する必要はありません。

　ちなみに、自治体においては、これらの事務を処理するシステムを、伝統的に「基幹系」や「住民情報系」という分類名で呼ぶこと

が多く、近年では、総務省の自治体セキュリティ・ガイドライン[14]にて、マイナンバーを扱うことから「マイナンバー利用事務系」と呼ばれることもあります。

イ　標準化対象範囲・独自施策

　標準化の対象となった20事務については、「標準化基準に適合するものでなければならない」（標準化法第3章第8条1項）とされ、準拠することが必須であるうえに、**標準準拠システムのカスタマイズについては、原則不可**とされています[15]。標準化対象事務と標準化対象外事務（標準化対象事務の範囲に含まれない事務）について、区別が明確になるように各標準仕様書にツリー図が提示されています。

　自治体の条例等に基づいて提供される独自施策に関わる機能については、2種類の実現方法があります。標準準拠システムのパラメータの変更により実現可能なものは、**標準オプション機能**等として位置づけられます。前述した、国の法令への「上乗せ・横出し」等、標準的な事務をベースとしたものは対応できる可能性があります。

　標準化法に「標準化対象事務以外の事務を地方公共団体情報システムを利用して一体的に処理することが効率的であると認めるときは、（中略）当該事務を処理するため必要な最小限度の改変又は追加を行うことができる」（第3章第8条2項）と記載されていることから、標準仕様書で定義されたシステムに改変や追加が可能であることを示唆していますが、基本方針に「標準準拠システムのカス

14　総務省「地方公共団体における情報セキュリティポリシーに関するガイドライン」（2023年3月）
15　「地方公共団体情報システム標準化基本方針」（2023年9月8日閣議決定）

タマイズについては、原則として不可であり、標準準拠システムとは別のシステムとして疎結合で構築することが望ましく、真にやむを得ない場合に限るものとする」とも記載されていることから、標準仕様書の機能から外れるものについては、**疎結合の別システム**とすることが推奨されています（図表2−6）。

図表2−6　標準準拠システム以外のシステム

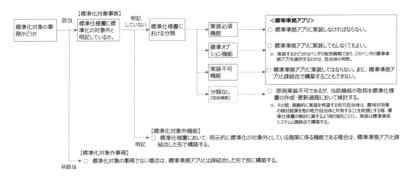

出典：デジタル庁「地方公共団体の基幹業務システムの統一・標準化のために検討すべき点について」
（2022年10月）

Ⅲ 標準仕様書の作成

（1）国の役割分担

　標準仕様書の作成は、国の府省庁で行われています。また、各標準仕様書は、事務に係る固有部分と仕様書間の共通部分に分かれます。事務に係る固有部分については、事務に係る法令を所管する府省庁が担当します（図表2－7内④）。関わる法令は、政令[16]・命令[17]に記載されています。20の事務を担当する部署は、7つの府

図表2－7　府省庁の役割

	デジタル庁	総務省	関係府省
主な役割	①地方公共団体情報システムの標準化に関する法律の所管		④標準化対象事務のうち制度所管の事務に係る標準化基準の策定 ※法務省：戸籍 ※文科省：就学 ※厚労省：国民健康保険、国民年金、障害者福祉、後期高齢者医療、介護保険、生活保護、健康管理、児童扶養手当 ※内閣府：児童手当、子ども・子育て支援（厚労省と共管）
	②地方自治体の情報システムの整備・管理方針の策定 ・標準化・共通化に関する全体方針 ・ガバメントクラウドの企画立案・推進	③地方自治体との連絡調整・進捗管理・財政支援	
		④標準化対象事務のうち住民記録、戸籍の附票、印鑑登録、選挙人名簿管理及び地方税に係る標準化基準の策定	

出典：総務省「自治体情報システムの標準化・共通化について」（2022年8月）

---

16 「地方公共団体情報システムの標準化に関する法律第二条第一項に規定する標準化対象事務を定める政令（令和4年政令第1号）」
17 「地方公共団体情報システムの標準化に関する法律第二条第一項に規定する標準化対象事務を定める政令に規定するデジタル庁令・総務省令で定める事務を定める命令（令和4年デジタル庁・総務省令第1号）」

省庁の20以上の課室（図表2－8）に及ぶため、形式や体裁が府省庁間でバラバラにならないように、**デジタル庁が方針**[18]を出し、

図表2－8　対象事務と担当課室

事　務	担当府省	担当局・課室
住民記録	総務省	自治行政局住民制度課デジタル基盤推進室
印鑑登録		
戸籍附票		
税務		自治税務局企画課 都道府県税課 市町村税課 固定資産税課
選挙人名簿管理		自治行政局選挙部管理課
学齢簿	文部科学省	初等中等教育局初等中等教育企画課
就学援助		初等中等教育局修学支援プロジェクトチーム
介護保険	厚生労働省	老健局介護保険計画課
障害者福祉		社会・援護局障害保健福祉部企画課
国民健康保険		保険局国民健康保険課
国民年金		年金局事業管理課
後期高齢者医療		保険局高齢者医療課
生活保護		社会・援護局保護課
健康管理		健康局総務課、健康課、がん・疾病対策課 子ども家庭局母子保健課 医政局歯科保健課
児童扶養手当		子ども家庭局家庭福祉課母子家庭等自立支援室
火葬等許可		生活衛生課
人口動態調査		人口動態・保健社会統計室
子ども・子育て支援	内閣府	子ども・子育て本部参事官（子ども・子育て支援担当）付
	文部科学省	初等中等教育局幼児教育課
	厚生労働省	子ども家庭局総務課少子化対策推進室 子ども家庭局保育課
児童手当	内閣府	子ども・子育て本部児童手当管理室
戸籍	法務省	民事局民事第一課

出典：著者作成

18　デジタル庁「地方公共団体の基幹業務システムの標準仕様における機能要件の標準の定め方について」（2020年2月）、デジタル庁「地方公共団体の基幹業務システムの標準仕様における帳票要件の標準について」（2022年4月）

進捗管理や情報共有等の会議[19]を開催しています。

　仕様書間の共通部分は、機能要件と非機能要件とに分かれ、両方をデジタル庁が作成しています。そこには、共通機能やデータ要件、セキュリティ要件等が含まれています。

（2）標準仕様書作成の検討会議

　標準仕様書の作成に際しては、標準化法に「地方公共団体その他の関係者の意見を反映」と記載があることから、対象事務所管の府省庁では、**自治体職員や有識者、事業者等からなる検討会議**を設置し、標準仕様書の内容について協議しています。また、複数の異なる要素を含む事務については、構成要素ごとに分科会／ワーキングチームを組成しています。

　総務省では、①住民記録システム等標準化検討会（2019年8月〜）、②税務システム等標準化検討会（2020年6月〜）、③選挙人名簿管理システム等標準化検討会（2021年5月〜）を立ち上げ、①の傘下には、「住民記録」、「印鑑登録」、「戸籍附票」の分科会を、②の傘下には、「固定資産税」、「個人住民税」、「法人住民税」、「軽自動車税」、「収滞納管理」のワーキングチームを、③の傘下には「選挙人名簿管理」のワーキングチームをそれぞれ設置しています。

　各検討会の構成員には、自治体職員、自治体全国団体、有識者、ベンダー、関係府省庁が含まれ、**事務局は制度を所管する課室**が担当します。自治体職員は、規模の大小を含む十数の団体から課長〜係長クラスの実務に通じた中堅職員が参加しています（図表2-9）。ベンダーは、そのシステムを提供している主要ベンダーが参

19　地方公共団体の基幹業務等システムの統一・標準化に関する関係省庁会議

図表2－9　住民記録システム等標準化検討会の構成員

構成員　※下線は分科会の構成員	（2023年6月時点、団体名のみ）
武蔵大学社会学部教授（座長）	全国市長会行政部長
株式会社地域情報化研究所代表取締役社長（分科会長）	全国町村会行政部参事
神戸市地域協働局住民課係長	地方公共団体情報システム機構
筑西市企画部情報政策課課長補佐	住民基本台帳ネットワークシステム全国センター長
前橋市未来創造部情報政策課長	地方公共団体情報システム機構
船橋市情報システム課課長補佐	ICTイノベーションセンター　副センター長
町田市総務部情報システム課担当課長	地方公共団体情報システム機構
日野市企画部参事兼情報政策課長	被災者支援システム全国サポートセンター長
藤沢市市民自治部市民窓口センターセンター長補佐	一般財団法人全国地域情報化推進協会企画部担当部長
三条市総務部情報管理課課長補佐	デジタル庁地方業務標準化エキスパート
出雲崎町町民課長	総務省デジタル統括アドバイザー
飯田市市民協働環境部住民記録係長	総務省自治行政局住民制度課長
倉敷市民課主幹兼デジタルガバメント推進室主幹	総務省自治行政局デジタル基盤推進室長
久留米市市民文化部市民課長補佐	総務省自治行政局マイナンバー制度支援室長
神奈川県町村情報システム共同事業組合副主幹	総務省自治行政局市町村課長
京都府町村会業務課長	総務省自治行政局地域情報化企画室長
全国知事会調査第一部長	総務省情報流通行政局地域通信振興課長
	総務省サイバーセキュリティ統括官付参事官（統括担当）

準構成員		
株式会社RKKCS	日本電気株式会社	
Gcomホールディングス株式会社	株式会社日立システムズ	
株式会社TKC	富士通Japan株式会社	
株式会社電算		

オブザーバ　構成員・準構成員の他、住民記録システムを自治体に対して提供している事業者がオブザーバとして検討会に参加。

その他　戸籍附票の検討を行う分科会においては、法務省の所管する戸籍情報システム標準仕様書の改訂等に関する調査研究会における研究員のうち複数名ゲストスピーカーとして参加予定。

出典：総務省「住民記録システム等標準化検討会 名簿」（2023年）に著者加筆

加しており、システムにより顔ぶれが変わります。また、府省庁の検討会を支援するかたちで、ベンダーの全国協議会も会議体を立ち上げ、お互いに確認をしながら仕様書を策定します。ベンダーの全国協議会としては、一般財団法人全国地域情報化推進協会（APPLIC）が、住民記録、税、選挙人名簿管理等の住民情報・地方税分野や就学事務分野について、一般社団法人保健医療福祉情報システ

ム工業会（JAHIS）が、国民健康保険、介護保険、障碍者福祉、子ども・子育て支援等の社会保障分野で、それぞれ府省庁の検討会を支援しています。

（3）作成方法

標準仕様書の作成は、作成期間が約1年間と短期間であること、すでに自治体は何らかのシステムを使用していることに鑑み、現在**自治体にて使用されているシステムの機能をベースとして検討**されました（現状からの還元法）。

まず、対象事務所管府省庁から自治体やベンダーに対して、使用しているパッケージや機能、カスタマイズ度合いについて調査が行われました。次に、調査結果から一般的に採用されている機能を抽出し、標準機能として整理しました。複数の有力な方式があり、ひとつに絞れない場合は、複数をオプション機能として残しました。結果として、主要なパッケージソフトのノンカスタマイズの状態において、標準仕様書との親和性は高く、カスタマイズを多く行ったパッケージソフトやスクラッチ開発ソフトにおいて親和性が低くなる傾向です。

一方、現行のパッケージソフトとは異なる要素もあります。デジタル庁が検討した、①**データ要件・連携要件**と②**文字要件**は、すべてのシステムに共通要件として採用されますが、現行パッケージとは異なる内容になります。詳細は後述します。

図表 2 − 10 機能差分イメージ

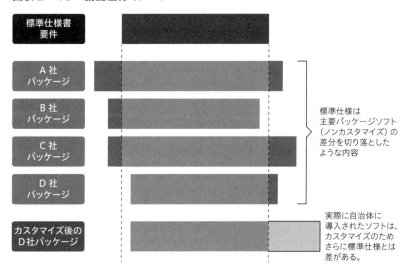

標準仕様は
主要パッケージソフト
（ノンカスタマイズ）の
差分を切り落とした
ような内容

実際に自治体に
導入されたソフトは、
カスタマイズのため
さらに標準仕様とは
差がある。

出典：著者作成

（4）改定

　標準仕様書は、対象事務を所管する府省庁が作成し、その改定も同様に行います。改定が発生する原因は、主に２つあります。ひとつは、**国の法令改正**です（図表 2 − 11内 A）。従来は、法令改正後に、各自治体やベンダーが影響調査をして、施行日までにシステム改修をするという慌ただしいスケジュールでした。標準化後は、府省庁において、法令改正プロセスと並行して標準仕様書の改定作業を行います。

　もうひとつの改定原因として、**デジタル３原則**[20]**に基づく業務改革**があります（図表 2 − 11内 B）。基本方針に「デジタル庁は、（中略）地方公共団体に対し、デジタル３原則に基づく業務改革

図表 2-11　標準仕様書の改定プロセス

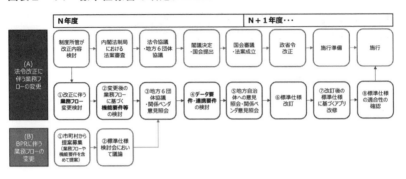

出典：デジタル庁「地方公共団体の基幹業務システムの統一・標準化のために検討すべき点について」
（2021年12月）

（BPR）を踏まえた、標準準拠システムの改修の必要性を照会する」とありますが、自治体からの提案を受けるだけでなく、国による新事業（マイナポータルと連携した電子申請、公共サービスメッシュによる情報連携等）に対応する可能性もあると考えられます。実際に、住民記録システム標準仕様書が1.0版から2.0版に改定された際には、引越しワンストップサービス（マイナポータルや住基ネットとの連携）への対応が含まれていました。

　各標準仕様書とも毎年のように改定が行われ、最初に作成された住民記録システム標準仕様書は4.0版に達しています（2023年8月時点）。税務システム群は、毎年度の制度改正があるため、今後も毎年の改定が見込まれますが、それ以外の事務については2026年3月末の移行期限に向けて改定作業は落ち着くものと想像されます。

20　デジタル手続法第2条に記載された、「デジタルファースト」（個々の手続・サービスが一貫してデジタルで完結）、「ワンスオンリー」（一度提出した情報は二度提出が不要）、「コネクテッド・ワンストップ」（民間を含む複数の手続き・サービスをワンストップで実現）のこと。

いずれにしても、期限内に対応しなければならないのは、一部を除いて2023年3月末時点で公表されている標準仕様書についてです。

（5）適合性確認

　自治体が調達しようとしているソフトウエアが**標準仕様書に準拠しているかどうかの確認**は、「標準準拠システムを利用する地方公共団体が一義的に責任を有している」（基本方針）とされています。そのためベンダーは、自治体への提案書やマニュアル等において、機能標準化基準に規定される機能IDごとに、どの操作・画面において当該機能が実装されているのかを明示します。もし、自治体での適合性の確認において疑義が生じた場合は、対象事務所管府省庁に照会し、府省庁は解釈を示すなどの対応を行うことになります。

　データ要件・連携要件については、自治体は、デジタル庁が提供する「**適合確認ツール**」を利用して適合性を確認することができます[21]。ツールは、ガバメントクラウド上で提供されるため、自治体はダミーデータを用意して本番環境での適合確認試験を含む移行テスト等を実施できます。ただし、このツールにて確認できるのは「データ要件・連携要件」のみのため、注意が必要です。

---

21 デジタル庁「地方公共団体情報システムデータ要件・連携要件標準仕様書【第2.0版】」（2023年3月）

Ⅳ 標準仕様書の構成

（1） 構成要素

標準仕様書は、①業務フロー、②機能要件、③非機能要件の３つのパートより構成されています（図表２－12）。

図表２－12　項目

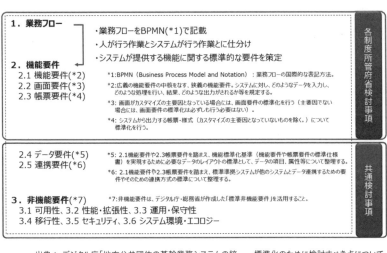

出典：デジタル庁「地方公共団体の基幹業務システムの統一・標準化のために検討すべき点について」
（2021年12月）

（2） 業務フロー

標準仕様書では、業務フローが冒頭に掲載されています。通常の仕様書では参考資料として後段に掲載されることが多いのですが、標準仕様書の冒頭に掲載されている理由は、標準仕様書への対応に

図表 2 － 13 　業務フローと機能要件の対比

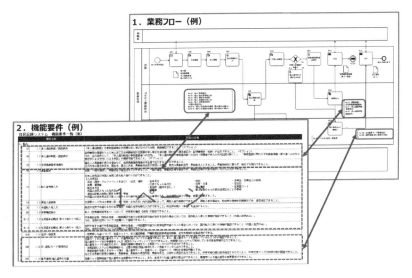

出典： デジタル庁「地方公共団体の基幹業務システムの統一・標準化のために検討すべき点について」
(2021年12月)

おいて業務フローを確認することが重要だということを示唆してい
ます。よって、今回の標準化作業では、システム機能の標準化とあ
わせて、**業務フローの標準化にも取り組む**ことになります[22]。従来
のシステム導入では、業務が見直されず、システム導入の前後で業
務フローが変わらないケースもありましたが、今回の標準システム
採用においては、業務も見直すことにより、標準準拠システムへの
対応も円滑になります。業務フローには、業務の流れと、どのタイ
ミングでどの機能を使用するか（機能要件との対比）が記載されて
おり（図表 2 － 13）、システムの使い方についてより具体的なイ

---

22 標準仕様書における業務フローは、参考情報の位置づけであり、この業務フ
ローに合わせることは義務ではない。

メージを持つことに役立ちます。

（3）機能要件

ア　機能要件

　機能要件は、システムに対し、どのようなデータを入力し、どのような処理を行い、結果、どのような出力がされるかを規定するものです。標準仕様書では、a）機能要件、b）帳票要件、c）データ要件、d）連携要件を含みます[23]。機能だけでなく、帳票等も共通化されることにより、利用者（職員、住民等）において統一感が生まれます。また、機能ツリー図を作成して、機能ごとにIDを振ることにより、事業者選定時の比較、適合性の確認、機能管理等に役立ちます。

図表2-14　機能のツリー図

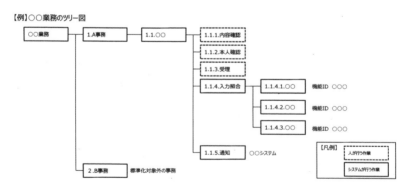

出典：デジタル庁「地方公共団体の基幹業務システムの統一・標準化のために検討すべき点について」
（2021年12月）

23　各種資料（図表2-12等）において、標準仕様書の項目として「画面要件」が
　　記載されているが、実際の標準仕様書に画面要件は掲載されていない。

　機能要件には、実装に関していくつかの分類が記載されています（図表2－15）。「**実装必須**」とされたものは、どのベンダーも必ず実装しなければなりません。逆に、「**実装不可**」とされた機能は標準システムに実装することはできません。一方で、「**標準オプション機能**」と呼ばれる、ベンダーごとに実装を選択できる機能がありますが、標準仕様書策定において最小限にとどめるように方針が出ています。

図表2－15　機能の実装分類

	Xベンダ 提供システム	Yベンダ 提供システム	Zベンダ 提供システム	
実装必須機能	◎ （必ず実装）	◎ （必ず実装）	◎ （必ず実装）	原則 ┐ 標準仕様の範囲
実装不可機能	－（実装不可）	－（実装不可）	－（実装不可）	例外 ┘
標準オプション機能A	●	●		
標準オプション機能B	●			
自治体による選択	A市	B市	C市	必要最小限度にとどめる

出典：　デジタル庁「地方公共団体の基幹業務システムの統一・標準化のために検討すべき点について」
（2021年12月）

イ　帳票要件

　帳票要件についても、これまで団体により差異（縦書き／横書き、レイアウト）があり、法令改正等で項目が変化すると、個別の調整や確認が必要でした。標準仕様書では、帳票のうち**システムから排出される帳票**（通知・証明書、確認のための一覧表等）について標準化されています（図表2－16）。ただし、**住民向けの帳票**（通

知・証明書等）については、ある程度標準化するものの、職員向けの帳票（確認のための一覧表等）については、今後は印刷物ではなく画面による確認が多くなることを想定して、必要なものに限り標準化しています。

　帳票要件には、a）帳票ID、b）帳票のレイアウト、c）帳票の諸元表が含まれます。帳票IDは、帳票の管理や電子的な交付等を行う際に活用できます。帳票のレイアウトは、団体ごとにカスタマイズが発生する大きな原因となっていたため標準化されます。利用者は、複数の自治体から受け取った帳票が同じ項目名やレイアウトになっているため、処理が効率化できます。また、印刷等を請け負う自治体のアウトソーサーにおいても、業務の効率化に寄与する可能性があります。

図表２－16　帳票要件の対象となる帳票

【帳票要件の対象となる帳票（イメージ）】

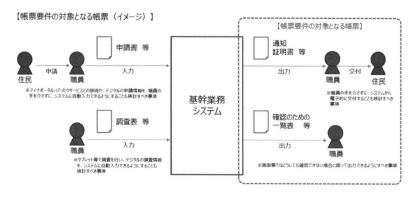

出典：デジタル庁「地方公共団体の基幹業務システムの統一・標準化のために検討すべき点について」
（2021年12月）

ウ　データ要件

　データ要件には、a）基本データリスト、b）文字要件、c）データモデルが含まれます。標準仕様書のデータ形式は、従来、自治体の情報システム間のデータ連携やデータ移行で利用された、地域情報プラットフォーム[24]（連携）／中間標準レイアウト[25]（移行）をベースとして作成されており、従来の主要なパッケージシステムも対応可能なものがほとんどだったため、標準形式として採用されました。ただし、従来は「対応可能であるものの対応されていない」システムも散見されましたが、標準化におけるデータ要件には、最初から対応しておくことが必須条件となっています。

　一方、文字要件については、従来とは異なる手法になります。従来は、ベンダーごとに固有の文字を保有しており、他システムへ移行が困難なほか、辞書にない文字（外字）の取り扱いにも苦慮していました。そこで、独立行政法人情報処理推進機構（IPA）は、2010年に「MJ明朝[26]」という約6万字のフォントを作成し、公開しましたが、ベンダーの間で十分普及していませんでした。今回は、MJに1万字弱を加え、約7万字の「**行政事務標準文字（MJ＋）**」としたものを採用することになりました[27]。

　MJ＋は、すべての標準準拠システム間において「氏名等」を情報連携する際に利用します（図表2－17）。一方、標準準拠システ

24　総務省「地域情報プラットフォーム標準仕様について」（2020年7月）
25　総務省「中間標準レイアウト仕様V2.6からV2.7への主な改定内容」（2021年5月）
26　文字情報基盤整備事業は、平成22（2010）年度電子経済産業省推進費（文字情報基盤構築に関する研究開発事業）によりスタートした、行政で用いられる人名漢字等約6万文字の漢字を整備するプロジェクト。2020年8月に一般社団法人文字情報技術促進協議会に信託譲渡された。
27　デジタル庁「ホームページ＞会議等＞地方公共団体情報システムにおける文字要件の運用に関する検討会」＜https://www.digital.go.jp/councils/local-governments-character-specification＞

ム間で、「氏名等以外」の文字を情報連携する場合は、MJ＋または JIS X 0213のいずれかを選択します。また、標準準拠システムとあらかじめ取り決めた文字の連携規定がない外部システム等との連携は、JIS X 0213で行います。

図表 2 − 17　利用できる文字セット

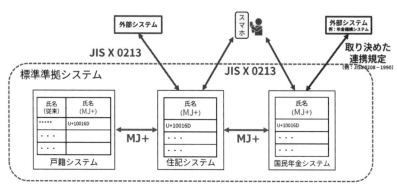

出典：デジタル庁「地方公共団体情報システムデータ要件・連携要件標準仕様書【第2.0版】文字要件説明資料」
（2023年 6 月）

エ　共通機能要件

　共通機能に関わる標準仕様[28]が適用されるシステムは、ケースバイケースでかなり異なることが想定されます。これ以外の要件については、対象となる業務システムが明確（特定のシステム、あるいはすべてのシステムに共通）ですが、共通機能標準仕様書に記載のある機能は団体により属するシステムや機能構成が異なります。「業務共通システム」や「統合基盤システム」等の名称で、共通機

28　デジタル庁「地方公共団体情報システム共通機能標準仕様書【第2.0版】」（2023
　年 3 月）

能のすべてを含むケースもあれば、「統合宛名システム」や「連携システム」等のように共通機能の一部だけで構成されているケースもあり、また個別の業務システムの機能として分散して存在しているケースもあるものと考えられます。共通機能標準仕様書では、実装形態について指定がないため、ベンダーまたは自治体の判断のもとに、さまざまな形態にて実装されることが想定されます。

　共通機能は、a）システム共通機能群、b）統合運用管理機能群、c）インフラ機能群から構成されますが、標準化の対象となっているのは、システム共通機能群のみです（図表2－18）。システム共通機能群には、①申請管理、②庁内データ連携、③統合宛名番号管理（団体内、住登外）、④収滞納管理等の複数の業務システム間で共有するデータの管理や流通を行うための機能が含まれます。

図表2－18　共通機能の構成

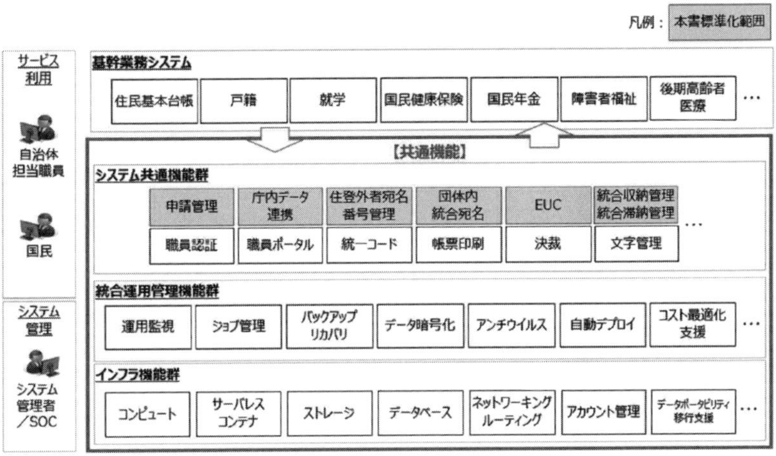

凡例：本書標準化範囲

出典：デジタル庁「地方公共団体情報システム共通機能標準仕様書【第2.0版】」（2023年3月）

（4）非機能要件

　非機能要件は、主にセキュリティに関わる要件について定義しており、基幹業務システムの可用性、性能・拡張性、運用・保守性、移行性、セキュリティ、システム環境・エコロジーに係る機能要件以外の要件を含んでいます。非機能要件については、2022年8月に先行事業[29]（2021年度〜）での検証結果を踏まえて必要な要件の拡充等を行ったり、総務省の自治体セキュリティポリシー・ガイドライン[30]の改定の検討状況も踏まえたりするなど、選択レベル等を見直しました。

29　デジタル庁「ガバメントクラウド先行事業（市町村の基幹業務システム等）」（2021年度〜）
30　総務省「地方公共団体における情報セキュリティポリシーに関するガイドライン」（2023年3月）

Ⅴ　実装時に課題となる点

（1）　実装者の責任

　標準仕様の内容はここまでに説明したとおりです。この内容に従わなければならないことは、標準化法で「地方公共団体情報システムは、標準化基準に適合するものでなければならない」（同法第3章第8条1項）とされており、「**義務規定**」であることも説明しました。

　額面上は標準仕様に従うことは自治体の義務です。しかし、実行上は実装者、より具体的には、パッケージシステムを提供するベンダーが、標準仕様に適合したパッケージシステムを自治体向けに構築し、さらには、提供しなければなりません。つまり、標準仕様への適合の"鍵"はベンダーが握っていると言っても過言ではありません。

　「標準仕様が示されているのだから、それに適合したパッケージシステムを作ることは、作業時間などの制約はあれ、淡々と進めればよい」などと思われがちです。しかしながら、実は機械的に作業できるものではありません。いくつかの点でベンダーがしっかりと考え、判断していかなければならない課題があります。

（2）　標準として規定される範囲

　標準仕様としてどのような内容が定義されているかは、すでに説明したとおりです。実装者の視点では、主に「機能」と「帳票」が定義されており、そのとおりに開発する必要があります。通常、機

能の標準部分を「機能要件」、帳票の標準部分を「帳票要件」と呼びます。

「機能要件」については、定義どおりに機能を実装するのですが、機能要件の定義内容は必要とされる機能の大枠が説明されるのみで、それ自体が詳細設計になるようなものではありません。たとえば、画面などは原則自由で、ほぼ何も指定されていません。実装のやり方については事業者が要件内容を解釈し、相応の設計を行う必要があります。

「帳票要件」に関しては、レイアウトと諸元表（実際に印刷される各項目の詳細）が示されており、機能要件よりもだいぶ明確です。これによって、遂に全国の自治体で出力される各種証明書類の見栄えがそろう、画期的な状況となります。しかしながら、レイアウトなどの詳細が示されているのは、「外部帳票」といわれる住民などに提供される帳票のみです。たとえば処理対象者を一覧確認するなど職員が内部的に利用する帳票である「内部帳票」については、帳票の概要（主な用途や仕様概要）や出力条件を中心に定義されているのみで、印字項目やレイアウトなどの詳細は決められていません。内部帳票の実装についてはベンダーが検討する必要があります。

（3）標準オプションという選択肢と
ホワイトリスト方式

標準仕様には「標準オプション」という規定があります。機能要件については「標準オプション機能」、帳票要件については「標準オプション帳票」といいます。

標準仕様に規定された機能要件や帳票要件は当然実装しなければならないのですが、この「標準オプション」については、「実装し

てもしなくてもよい」とされています。これは調達する側、自治体の自由ではなく、実装する側、つまりベンダーの自由です。作りたくなければ作らなくてもかまいません、ということです。

　標準仕様というからには自由度は可能な限り排除すべきです。しかしながら、さまざまな理由からすべての自治体で利用されているといえない機能や帳票などについても一部標準化されており、これらが「標準オプション」となっています。

　ベンダーの自由なので、これまでのパッケージ製品で実装した実績（需要）がなかった機能や帳票については"実装しない"という判断をしていく必要があります。

　一方で、この標準仕様は「**ホワイトリスト方式**[31]」を採用しています。「ホワイトリスト方式」とは、規定されている機能や帳票は当然に実装するが、書かれていないものについては"実装してはならない"というルールです。つまり、当然に標準仕様以下ではないが、以上でもないということです。

　この点は、新規にパッケージを開発する場合には特に問題になりません。しかしながら、既存のパッケージをベースに標準対応を行う場合には大きな問題となります。つまり、既存のパッケージが持つ機能のなかで標準仕様に言及がないものがあったら削除しなければならないということです。既存パッケージに対する詳細な分析や、標準仕様への適合関係の整理を行い、どの部分を、どのように削除するかといった設計検討の必要があります。

　標準オプションにしてもホワイトリスト方式にしても、既存のパッケージ製品をベースに標準化対応を考える際の大きな決断ポイ

31　詳しくは「基本方針」　5.1.1.1 標準の定め方　に「(1) ～ (3) のいずれにも位置づけられていない機能については、原則 (3) として扱うものとする。」定められている。(1) は実装必須、(2) は標準オプション、(3) は実装不可のこと。

ントです。ベンダーとしては自治体の状況、需要を踏まえつつ適切に判断、対応していく必要があります。

（4）独自性が許される範囲

　上で述べた「標準オプション」はベンダーにとっての自由度でした。では、自治体にとっての自由度や独自性は標準化のなかで一切認められないのでしょうか。地方自治である以上、自治体ごとの独自性は認められねばならず、標準仕様の構成のなかにもいくつか独自性を導入するためのデザインが組み込まれています。基本方針に示されている、「独自施策システム」と「標準化対象外機能」（あわせて、独自施策システム等）と「標準化検証機能」がそれにあたります。

　「独自施策システム等」は、文字どおり自治体ごとの独自の事務について自由に構築することが許されるシステムです。「標準化検証機能」は、それとは違い、標準化対象事務の範囲内の機能です。標準化対象事務に関する機能は、ホワイトリスト方式ゆえ、標準仕様に記述がなければ開発することは禁止されています。しかし、それでは後になってすばらしい機能アイデアを思いついても（思いついていない機能は当然仕様書には書かれていないため）、何も作れないことになってしまいます。そこで、それらの新規アイデアについては、"検証"という名目で自治体からデジタル庁に申し入れ、費用対効果などの検証結果を広く公開することを条件に特例的に実装が認められるものです。

　ベンダーが行うべき判断としては、まず独自施策システム等や標準化検証機能を提供するかしないかです。次に、提供するとした場合、どのように実装するかの検討が必要となります。

　独自施策システム等も標準化検証機能も標準準拠システムから切り離して、別システムとして構築することが求められています。別システムのため、実装方法に制限はありません。自由に開発することができます。ただし、標準準拠システムとは疎結合とされており、その連携方法に制約があります。

　ここでいう"疎結合"とは「データ要件・連携要件」の範疇内でデータ連携することと理解すればよいでしょう。たとえば、独自施策システム側で標準準拠システムからのデータを受け取りたいとします。しかし、標準準拠システムはカスタマイズ原則禁止のため、独自施策システムの要求に応じて新規にデータ出力機能を追加することができません。そのため、既存の「データ要件・連携要件」にある出力ファイルなどを応用してデータ取得する必要があります。この制約は大きいため、独自施策システムなどを設計する際に十分注意する必要があります。

　このように自治体ごとの独自性を組み込むしくみは提供されているものの、具体的にどのように実現するかについては、その対応可否を含めて、事業者による分析や判断が重要となってきます。

（5）オールインワンパッケージの場合

　ここまでの説明は、標準化される事務ごとにパッケージシステムがあるイメージで説明してきました。しかし、実際には複数の事務に対応するパッケージが一体として提供される、俗にいう「オールインワンパッケージ」の場合のほうが多いでしょう。

　標準仕様は実装の方式を制限しないため、オールインワンパッケージであること自体、何の問題もありません。しかし、実装に際しては一部注意すべきポイントがあります。

オールインワンパッケージに含まれる要素は大きく分けて、複数の「標準準拠システム」と、場合によっては「独自施策システム」となります（共通機能が含まれる場合も考えられますがここでは省略します）。

　まず、複数の標準準拠システムが含まれる場合です。実装形式は自由ですから、そのこと自体は問題ありませんし、特別の配慮は不要です。ただし、以下の２点について注意とある程度の判断が必要となります。

　１点目は、適合性の確認です。標準仕様への適合性は、標準化対象事務ごとに本来行われるものです。一方で、オールインワンパッケージの場合、どこまでがどの事務に該当する機能なのか不明瞭になることが考えられます。事務単位に適合性を確認する必要がある以上、どの機能はどの事務に対応するものか（場合によっては複数の事務に共有されるのか）確認しつつ、適合性を判断する必要があります。

　２点目に、標準準拠システム間のデータ連携に関して、「**パッケージ特例**[32]」といわれる措置があることです。これはオールインワンパッケージの場合に認められる特例です。通常、標準準拠システム間のデータ連携は「データ要件・連携要件」の"連携要件"に指定された方法で行う必要があります。しかしながら、オールインワンパッケージの場合、たとえば、そもそもひとつのデータベースを共有していてデータ連携そのものが発生しないなど、多様な状況がありえます。そこで、オールインワンパッケージの場合は**特別に**

---

32 「基本方針」 4.1.2 連携要件の標準　に「ただし、事業者が複数の標準化対象事務に係る標準準拠システムを、１つのパッケージとして一体的に提供する場合においては、当該パッケージ内におけるデータ連携については当該事業者の責任において対応することとし、必ずしも、データ連携機能の要件に定めるとおり、データ連携機能を実装する必要はない。」とある。

従来の方法でデータ連携してよい（連携要件は無視してよい）こととなっています。これ自体は"現状のままでよい"規定のため、特別の苦労はありませんが、"パッケージ特例を採用する"こと自体は明確に意識しておく必要があるでしょう。

　次に、オールインワンパッケージに「独自施策システム」が含まれる場合です。この場合も複数の標準準拠システムのときと同様に、適合性確認とデータ連携の2点について注意が必要となります。

　「適合性確認」については、独自施策システムにおいて、あらゆる点で自由に機能を実装することができます。しかし、この場合もオールインワンパッケージである以上、標準化対象事務に対する機能なのか、独自施策に対する機能なのかの整理が重要となります。当然ですが、標準化対象事務の範囲で独自施策システムの機能を使ってはなりません。機能の切り分けがどうしても不明瞭になりがちなので、十分に注意が必要です。

　次に、「データ連携」に関してです。標準準拠システム間の連携に対しては「パッケージ特例」があることを説明しました。独自施策システムに対しては同様の措置として「**パッケージ経過措置**[33]」があります。これも、「データ要件・連携要件」にとらわれず、従来の方法でデータ連携してよいという特例としては、「パッケージ特例」と同じものです。ただし、パッケージ特例が恒久的な措置であるのに対して、パッケージ経過措置は暫定的に許される経過措置です（期限はまだ示されていません）。

---

[33]「基本方針」4.1.4 標準準拠システム以外のシステムとの関係　に「ただし、標準準拠システムと標準準拠システム以外のシステムを同一のパッケージとして事業者が提供している場合には、その最も適切な在り方を事業者と地方公共団体で協議していくことを前提に、当分の間、経過措置として、パッケージの提供事業者の責任において標準準拠システムと標準準拠システム以外のシステムとの間の連携等を行うことを可能とする。」とある。

パッケージ特例については、採用していることを一応認識しておく程度でもよいのですが、パッケージ経過措置については将来的に改めねばならない部分ですので、しっかりと認識しなければなりません。ユーザーである自治体も含めて、今後の対応についても検討しておく必要があります。

　オールインワンパッケージであることは、多くの場合、ベンダーの対応を楽にします。しかし、ここで説明したとおり、いくつかのポイントについては明示的に理解し、今後への備えを含めて自治体ともしっかり議論をしておく必要があります。

Chapter 3

ガバメントクラウド

Ⅰ 事業概要

（1） ガバメントクラウドとは

　ガバメントクラウドとは、国が民間事業者より調達するクラウドサービスであり、デジタル庁ホームページでは次のように紹介されています。

> 政府共通のクラウドサービスの利用環境です。クラウドサービスの利点を最大限に活用することで、迅速、柔軟、かつセキュアでコスト効率の高いシステムを構築可能とし、利用者にとって利便性の高いサービスをいち早く提供し改善していくことを目指します。地方公共団体でも同様の利点を享受できるよう検討を進めます[1]。

　ガバメントクラウドの主な特徴は以下の３点です。

　①国が調達する PaaS 環境
　②国と自治体がそれぞれ利用
　③固有のテンプレート適用

1　デジタル庁ホームページ「政策＞ガバメントクラウド」＜https://www.digital.go.jp/policies/gov_cloud＞

図表３－１　ガバメントクラウドの自治体利用イメージ

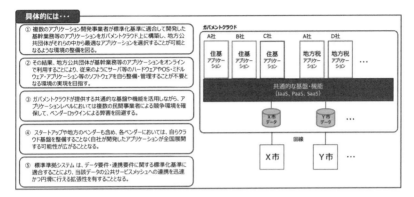

出典：　デジタル庁「地方自治体によるガバメントクラウドの活用について（案）」（2021年12月）

ア　国が調達するPaaS環境

　これまで政府共通のクラウド環境として２つの事業があり、ガバメントクラウドはそれらを引き継ぐ事業になります。「政府共通プラットフォーム」は、いわゆる霞が関クラウドとして2013年に事業が開始され、府省庁が政府共通ネットワーク（府省庁間のWAN）を介して使える共通のクラウド環境でした。府省庁は、政府共通プラットフォーム上にシステムを構築すると、a）WANを介して他の府省庁にサービスを提供したり、b）LGWANを介して自治体にサービスを提供したり、c）インターネットを介して国民にサービスを提供したりすることが可能でした。第１期事業（2013～2023年度[2]）は、プライベートクラウドに近いIaaS環境、第２期事業（2020年10月～[3]）ではAWS（Amazon Web Services）を活用

2　第１期と第２期には併用期間がある。
3　第１期と第２期には併用期間がある。また、第２期とガバメントクラウドにも併用期間がある。

してPaaS環境を実現しました。各事業は順次サービスを終了し、搭載されている府省庁のシステムは2023年度以降、任意のタイミングでガバメントクラウドに移行することになります。

　ガバメントクラウドの構想は、2020年に「マイナンバー制度及び国と地方のデジタル基盤抜本改善ワーキンググループ」（マイナンバーWG）にて構成員より提言されたもので、同年12月の「デジタルガバメント実行計画」に政府方針として明記されたことから、短期間で事業が準備されました（Chapter 1 参照）。2021年10月にデジタル庁において調達が開始され、2023年9月時点では、次の4つのクラウドサービスがガバメントクラウドとして採用されています[4]。結果として、世界的にシェアの高いクラウドサービスが顔をそろえることになりました。

　　①Amazon Web Services（2021年10月〜継続）
　　②Google Cloud（2021年10月〜継続）
　　③Microsoft Azure（2022年10月〜継続）
　　④Oracle Cloud Infrastructure（2022年10月〜継続）

　ガバメントクラウドの調達は毎年度行われ、継続的に提供されることになります。その調達要件[5]には、以下の特徴があります。

　　①従量課金型のクラウドサービス
　　②データは国内、準拠法は日本法、管轄は東京地裁

4　デジタル庁「デジタル庁におけるガバメントクラウド整備のためのクラウドサービスの提供−令和4年度募集−の公募結果について」（2023年4月3日）。また、令和5年度の公募が2023年9月12日より実施されている。
5　デジタル庁「デジタル庁におけるガバメントクラウド整備のためのクラウドサービスの提供−令和5年度募集−」（2023年9月）

③ISMAP[6]監査、Tier3データセンター[7]、マルチリージョン等
　のセキュリティ要件

④国内での利用実績（運用実績、ユーザー企業数、公開事例）

⑤テンプレート、マネージドサービス等の運用自動化のしくみ

　まずは、従来の国のIT調達では稀であった「**従量課金型**」のクラウドサービスという特徴があります。利用したサーバーリソースの実績により支払いを行うことから、柔軟にリソースを調達できる反面、支払い額が変動するという側面もあります。次に、データの所在や適用法令、ISMAP監査など「セキュリティに関する要件」が多く設定され、クラウドサービス利用への不安やリスクを低減しようとする狙いがあります。最後に、どの利用者にも提供されており容易に利用できることから、「中立的な事業環境」としてさまざまなベンダーがシステム構築のプラットフォームとして利用できることを意味しています。

イ　国と自治体がそれぞれ利用

　ガバメントクラウドは、国が調達し利用しますが、自治体もその環境を利用することができます。国の利用については、府省庁が、ガバメントクラウド上にシステムを構築することにより、さまざまな回線を介して、府省庁や自治体、国民に対してサービスを提供す

6　政府情報システムのためのセキュリティ評価制度（Information system Security Management and Assessment Programの略称）は、政府が求めるセキュリティ要求を満たしているクラウドサービスをあらかじめ評価・登録することにより、政府のクラウドサービス調達におけるセキュリティ水準の確保を図り、もってクラウドサービスの円滑な導入に資することを目的とした制度。

7　Tier（ティア）は、データセンターの品質を示す格付け基準。1から4までの段階がある。

図表 3 − 2 ガバメントクラウドを活用するシステム

○ **業務システム**とは、相互のシステム間の連携が大きい、「地域情報プラットフォーム/中間標準レイアウト」で示されている事務に係るシステムをさします。

○ **基幹業務システム**は、地域情報プラットフォーム/中間標準レイアウトで示されている事務のうち、各府省において標準仕様書を作成することとされている事務（現時点では、下記の20業務）に係る業務システムをさします。これらは、ガバメントクラウドの活用を積極的に国が推進します。

○ **基幹業務以外の業務システム**のうち、基幹業務に付属又は密接に連携する業務システムについては、ガバメントクラウドに構築することができることとします。

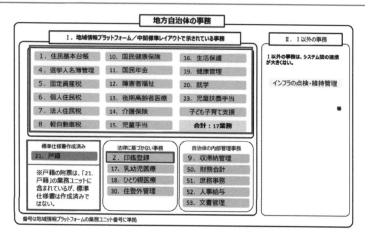

出典： デジタル庁「地方自治体によるガバメントクラウドの活用について（案）」（2021年12月）

ることができます（このしくみは、政府共通プラットフォームと類似）。

自治体での利用では、基本方針[8]やガバメントクラウド利用基準[9]において、「標準準拠システム」と「関連システム」はガバメントクラウドを利用することができるとされています。標準準拠システムとは、標準化基準（標準仕様書）に適合するシステムであり、関連システムとは、「標準準拠システムと業務データの連携等を行う

---

8 「地方公共団体情報システム標準化基本方針」（2023年9月8日閣議決定）
9 デジタル庁「地方公共団体情報システムのガバメントクラウドの利用に関する基準【第1.0版】」（2022年10月）

システムのほか、標準準拠システムと同じくガバメントクラウドに構築することが効率的であると地方公共団体が判断するシステム」とされ、a）オールインワンパッケージに標準準拠システムと同包されているシステム、b）標準準拠システムと密接に連携するサブシステムや連携システム、c）庁内事務において決裁等の共通機能を有する内部管理系システム等が想定されます。ただし、国と自治体とは同じガバメントクラウドを利用しますが、利用方法（利用手続や接続回線等）が異なる点に注意が必要です。

ウ　固有のテンプレート

　ガバメントクラウドは、テンプレートが適用される点が、（4種類の）クラウドサービスをそのまま使うのとは異なります[10]。これは、クラウドに最適（ベストプラクティス）な設定や構成を自動展開するための**テンプレート**（設定集）を提供するものであり、クラウドサービス上に独自の機能（例：第二期政府共通プラットフォームでのPaaS環境）を別途構築することはありません。テンプレートによって、たとえば、セキュリティ遵守のためのルール適用や監査ログ集約管理、リソース監視ダッシュボード等のさまざまな設定を、国・自治体を問わずガバメントクラウドを利用するすべてのシステムに適用するものです。これにより、利用者間でセキュリティ要件を共通にそろえることができ、また、デジタル庁がリソース等の利用状況を集約的に把握できるようになります。

10　デジタル庁「デジタル庁におけるガバメントクラウド整備のためのクラウドサービスの提供－令和5年度募集－」（2023年9月）

（2）サービス開始と利用状況

　ガバメントクラウドは、自治体利用に向けた検証事業（下記①〜③）のために一部サービス提供を開始しています。これは一部の自治体による利用であり、いくつかの課題要素の検証を行っている状況であるため、まだ本格的な利用とはいえない部分もあります（2023年9月時点）。

　①「ガバメントクラウド先行事業（市町村の基幹業務システム等）」
　　・2021年10月〜（2023年度継続中）
　　・神戸市、倉敷市、盛岡市、佐倉市等自治体8グループ
　　・非機能要件、接続サービス、コストメリット等の検証

　②「ガバメントクラウド早期移行団体検証事業」
　　・2023年4月〜2024年3月
　　・課金モデル、共同利用、移行期間短縮、運用コスト等の検証
　　・第1回公募（旭川市等8団体）、第2回公募（富岡市等7団体）、第3回公募（十和田市等18団体）
　　　※第4回以降も公募されている。

　③「ガバメントクラウドにおけるベンダ向け検証事業」
　　・2023年7月〜2024年3月
　　・共同利用での環境分離や他社とのデータ連携等の検証
　　・富士通、NEC、TKC、RKKCS、内田洋行等ベンダー16社

　一方、府省庁のシステムについては、2023年度に政府共通プ

ラットフォームの第1期事業が終了するため、同事業を利用している数十個程度のシステムがガバメントクラウドに移行することが想定されることから、**国のガバメントクラウド利用は、自治体に先駆けて2023年度中に本格的に開始**されようとしています。

Ⅱ 特徴とメリット

(1) 技術的な特徴

　ガバメントクラウドの技術的な特徴は、選定されたクラウドサービスそのものの特徴ともいえます。従来の自治体システムの多くが、オンプレミスやプライベートクラウドの環境であったことから、これらの特徴は際立つものと考えられます。

図表3-3　技術的特徴・メリット

技術的特徴	メリット
○：クラウドサービスの持つ特徴 ◎：ガバメントクラウドが追加で持つ特徴	☑：期待されるメリット ➡：目標
迅速なインフラ構築	**運用コスト低下**
○ IaCによるコードでのインフラ構築 ○ イミュータブルによるインフラの固定 ○ スケーラビリティによるリソースの可変利用	☑ 自動運用による運用体制の集約化 ☑ 閑散期の縮退運用による利用縮小 　➡ 事業前からの3割削減を目標
柔軟な機能選択	**セキュリティの高度化**
○ クラウドサービスの提供するPaaS ○ Web APIによるコンテナ化されたコンポーネントとの連携 ◎ 複数のクラウドサービスを連携させるマルチクラウド	☑ パッチ自動適用による安全性向上 ☑ 高度なセキュリティツールによる安全性向上 ☑ 施設・回線の複層化による可用性向上 ☑ バックアップ等による完全性向上
自動化・迅速化	**サービスの高度化**
○ マネージドサービスによる運用の自動化 ◎ テンプレートによる環境設定の迅速化	☑ クラウドツール活用によるサービスレベル向上 ☑ 疎結合による連携サービスの提供

出典：著者作成

ア　迅速なインフラ構築

　クラウドサービスの優れた特徴のひとつは、**サーバー等のリソースがメニューとして用意**されており、利用者は選択するだけでそれを利用できるという点です。従来のオンプレミス環境では、サーバー等を調達し、設置・セットアップする必要があり、それらの収納設備（電算機室等）も確保する必要がありました。

　クラウドサービスでは、データセンターやサーバーはクラウドサービス事業者（CSP）が調達し、運用しているため、利用者はその一部をサービスとして即座に利用できるわけです。これは、IaC（Infrastructure as Code）という技術であり、必要なインフラ構成をプログラム（コード）で記載すれば、それがクラウド環境で提供されます。ガバメントクラウドでは、利用者（府省庁、自治体）からの申請に応じて利用環境を提供することができます[11]。

　また、リソースの利用を柔軟に変化させることができるのもクラウドサービスの特徴です。従来のオンプレミス環境は、物理的にサーバーを調達する必要があったため、リソースの追加や削減は容易にはできませんでしたが、クラウドサービスでは設定のみでリソースの増減が可能になります。

イ　柔軟な機能選択

　近年のクラウドサービスでは、データセンターやサーバーといったインフラのみならず（IaaS）、OSやミドルウエア、データベース等のプラットフォーム（PaaS）、セキュリティサービスやデータ分析（BI）、コンタクトセンター機能等のサービス（SaaS）といっ

11　デジタル庁クラウドチーム「ガバメントクラウドにおけるIaC（Infrastructure as Code）の考え方」（2022年1月）＜https://cloud-gov.note.jp/n/na2ea9a24e3a1?magazine_key=m8adae0df5516＞

たツール群も充実しています。これらのツール群も、オンプレミス環境とは異なり、選択するだけで迅速にシステムに組み込むことができます。

　また、これらのクラウドツールを積極的に組み込んだ形で構築すると、運用が自動化できるマネージドサービス（後述）を適用することができるようになるため、オンプレミスで稼働していたプログラムをクラウドに移行する際は、クラウドの提供するツール群を積極的に組み込んだ形でプログラムを再構築（モダン化）することが推奨されています。

　ガバメントクラウドの特徴として、複数のクラウドサービスを組み合わせて利用する「マルチクラウド」があります。現在4つの異なるクラウドサービス（AWS、Google、Azure、OCI）をガバメントクラウドとして利用できることから、異なるクラウドを利用しているシステムを連携させたり、サービスやデータのバックアップ環境を異なるクラウドに置いたりする等の利用方法が考えられます[12]。

ウ　自動化・迅速化

　クラウドサービスでは、さまざまなツールが用意されており、構築の省力化や**運用の自動化**等に寄与します。**マネージドサービス**は、データベース運用や監視といったインフラ運用をサービスとして提供するものです。しくみや、他のサービスとの連携、バージョンアップ等はクラウド事業者が提供します[13]。OSやハードウエアの違いを意識せずアプリケーションを実行できるコンテナや、実行さ

12　2023年9月に公募が開始された「デジタル庁におけるガバメントクラウド整備のためのクラウドサービスの提供－令和5年度募集－」では、「複数社のクラウドサービスなどを組み合わせてガバメントクラウドとして提供する共同提案」を可能としており、さらなるマルチクラウド化が推進されている。

れた時間だけ課金されるサーバレス等、マネージドサービスには、さまざまな形態が用意されています。

　また、ガバメントクラウドでは、デジタル庁よりテンプレートが提供されており、セキュリティや運用監視のための環境設定を迅速に行うことができるとともに、運用段階においても集約的な管理が可能になります。

（2）メリット

　ガバメントクラウドを利用するメリットとは、前述したオンプレミス環境と異なる技術を最大限活用することにほかなりません。

ア　運用コスト低下

　最も期待されているのは、運用コストの低下です。基本方針には、目標として「標準化対象事務に関する情報システムの運用経費等については、標準準拠システムへの移行完了後に、平成30（2018）年度比で少なくとも３割の削減を目指す」と記載されています[14]。

　Chapter 2では、標準化により運用対象となるシステムがひとつになる（オンプレミスでは顧客の数だけ存在した）ことが、運用コストの低下に寄与すると説明しました。ガバメントクラウドの利用では、これに加えてクラウドサービスならではの運用効率化が期

13　デジタル庁クラウドチーム「マネージドサービス、コンテナ、サーバレス」（2022年2月）＜https://cloud-gov.note.jp/n/n1493ba81131f?magazine_key=m8adae0df5516＞
14　一方で基本方針には「情報システムの運用経費等の目標の達成に向けては、移行支援期間である令和7年度（2025年度）までの達成状況及び移行支援期間における実証等を踏まえるとともに、為替や物価などのコスト変動の外部要因も勘案する必要があることから、令和7年度（2025年度）までの間、必要に応じた見直しの検討と達成状況の段階的な検証を行う」とも記載されている。

待できます。

　まずは、**マネージドサービスによる運用の自動化**です。OSの
パッチ適用など、マンパワーで実行していた作業を自動で行える可
能性があります。また、使うリソースを柔軟に調整できるというこ
とは、繁忙期（年度末・年度初）にリソースを増やし、それ以外の
時期は減らすことにより、余剰のない効率的な利用ができる可能性
があります。特に、選挙や一時的な給付金など突発的なイベントの
際に効果を発揮します。

イ　セキュリティの高度化

　クラウドサービスのひとつの懸念点はセキュリティですが、一方
でセキュリティはクラウドサービスの強みでもあります。従来のオ
ンプレミス環境では、境界型防御によりセキュリティ対策を行って
いることから、高度なセキュリティツールによる対策が行われてい
なかったり、古いOSなど脆弱性のあるプログラムが放置されてい
たりするケースがあり、仮にマルウェアが侵入した場合は壊滅的な
被害につながるリスクがありました。

　クラウドサービスでは、**最新のセキュリティツールが利用できる
ほか、可用性や完全性の側面にも強み**があります。近接した複数の
データセンター群によるアベイラビリティゾーン（可用性を維持す
るために分離されたデータセンターのこと）、さらには離れた複数
の地域のデータセンターを利用するマルチリージョンや、異なる種
類の回線を併用することによりセキュリティ強度が高まります。ま
た、機密性については、保護するデータの機密性に応じて、暗号化
（クラウド管理の暗号化、外部管理の鍵による暗号化等）や、機密
コンピューティング（暗号化された仮想マシンによる機密性の高い
処理）、サービス、データへのアクセス権限の設定等、監査ログの

自動取得等、厳密な対策を適用することが可能となります。ガバメントクラウドでは、これらに加えてISMAPによる監査やその他調達における諸条件（データ保管場所、適用法令など）によるセキュリティの確保がありますので、後述します。

ウ　サービスの高度化

　クラウド環境に移行することにより、**オンラインでさまざまなサービスと連携することによるサービスの高度化**が期待されます。オンプレミス環境では、電算機室等の同じネットワーク環境下で接続されているシステム同士（庁内の業務システム間）の連携しかできませんでしたが、クラウド化されることでオンラインによる他のシステムとの連携できる可能性があります。

　まず、ガバメントクラウドはマルチクラウド（AWS、Google、Azure、OCI）であり、さまざまなベンダーがさまざまな環境にシステムを構築します。これら異なる環境の機能を互いに連携させたサービスを構築できる可能性があります。たとえば、税務システムはA社がXクラウド上に構築したシステムを利用しますが、収滞納管理のサブシステムはB社がYクラウド上に構築したシステムと連携して両者のサービスの優れた部分を組み合わせて利用するという方法です。また、同じガバメントクラウドの別領域に構築された国のシステムとの連携も将来的にはよりスムーズに行えることが期待できます。デジタル行政の将来像については、Chapter 6で考察します。

Ⅲ 契約関係

（1）契約関係者と契約

　ガバメントクラウドの利用に関わる主要関係者は5者（図表3－4内A〜E）、契約は4種（ア〜エ）あります。オンプレミス環境では、自治体が業務システムを提供するベンダーとのみ契約し、ベンダーがソフトウエアやハードウエアをまとめて提供するケースが多かったのですが、ガバメントクラウドの利用契約では関係者が増えます。

＜主要関係者＞

- A．デジタル庁
  - ・ガバメントクラウドの事業主体
- B．クラウド・サービス・プロバイダー（CSP）
  - ・ガバメントクラウド事業にクラウドを提供する事業者
  - ・Amazon Web Services、Google、Microsoft、Oracleの4者（2023年9月時点）
- C．自治体
  - ・ガバメントクラウドの利用者
- D．アプリケーション・サービス・プロバイダー（ASP）
  - ・自治体に標準準拠システムのソフトウエア（住記や税等）を提供するベンダー
- E．ガバメントクラウド運用管理補助者
  - ・自治体がガバメントクラウド環境を運用管理（自団体分のリソース管理）するのを補助する事業者

図表3－4　契約モデル

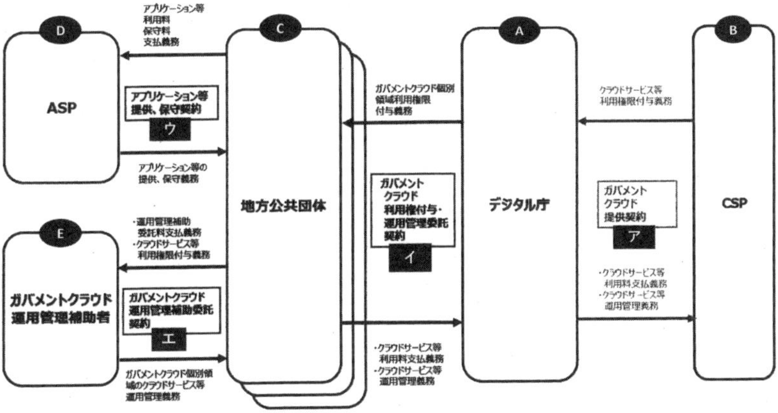

出典： デジタル庁「地方公共団体情報システムのガバメントクラウドの利用に関する基準【第1.0版】」
（2022年10月）に著者加筆

ア　ガバメントクラウド提供契約

　ガバメントクラウド提供契約は、自治体は直接に関与しない契約
ですが、ガバメントクラウド利用の根幹となる重要な契約です。ガ
バメントクラウド事業のために、デジタル庁がクラウド事業者
（CSP）とクラウドサービス提供に関わる契約を締結します。**デジ
タル庁が集約的にCSPと契約**するため、利用者（府省庁や自治体）
が個別にCSPと契約する必要がなく、セキュリティ等の一定品質
を確保することができます。また、大規模な契約となることから、
価格面等有利な条件を引き出せる可能性があります。2023年9月
時点で、AWS、Google、Azure、OCIの4種類のクラウドが選定
されており、契約は毎年更新されます。CSPは、デジタル庁に
サービスを提供し、デジタル庁は利用に応じた料金を支払います。

イ　ガバメントクラウド利用権付与・運用管理委託契約

　自治体はガバメントクラウドを利用するために、デジタル庁と契約をします。これにより、自治体にCSPのクラウドサービスを利用する権限（個別領域の利用権限）が付与され、自治体はクラウド上にシステムを構築できるようになるため、自治体は複数の業務システムベンダー（ASP）にその領域を提供することができます。自治体は個別領域で利用されたサービスについては、デジタル庁に支払いをしなければなりません[15]。そのため、**自治体は個別領域の運用管理について責任**を負っています。

ウ　アプリケーション等提供・保守契約

　自治体は、住民記録や税、国民健康保険といった業務を処理するソフトウエア（標準準拠システム）を提供してもらうために、業務システムベンダー（ASP）とソフトウエアの提供契約を締結します。自治体は、契約したASPに、デジタル庁から提供されたクラウドサービスの個別領域を利用させることができます。**ASPは、個別領域を利用してシステムを構築**します。その後、ASPは、ソフトウエアの保守を行います。脆弱性へのパッチあてや、不具合の改修、機能の改善といった日常的な保守もあれば、標準仕様書が更新された場合の大規模更新（バージョンアップ）が含まれる場合もあります。

　自治体は、ソフトウエアの提供や保守に関しては、ASPに支払いを行います。従来の契約で例えると、ハード・ソフト分離調達の

15　基本方針に「ガバメントクラウドの利用に応じて地方公共団体が負担する。利用料の負担方法については、利用料等の見通しや先行事業等での検証結果などを明らかにした上で、デジタル庁、総務省、財務省、地方公共団体等が協議して検討を行い、令和6年度（2024年度）予算編成と併せて具体化を進め、デジタル庁が別途定める」と記載がある。

イメージに近いと思います（ハード部分がガバメントクラウドへの支払いに変わる）。ところで、この契約のなかで留意すべき点があります。個別領域の使途について、「（ASPは）標準準拠システム等の開発行為等専らASP又はガバメントクラウド運用管理補助者の利益になる行為に利用してはならない[16]」とされている点です。つまり、ASPは、別の環境でソフトウエア（標準準拠システム）を開発したあと、本番サービスの提供において個別領域を利用するということです。

エ　ガバメントクラウド運用管理補助委託契約

　自治体は、デジタル庁から払い出されたクラウドサービスの個別領域の管理に責任を負い、個別領域で利用されたサービスについては、デジタル庁に支払いをしなければなりません。運用管理には、ASPの個別領域利用手続きや、ASPによるクラウドサービス（リソース）利用の管理が含まれます。具体的には、当初計画された利用に対して、運用段階でモニタリングを行い、利用を調整する（予実管理）ことによって、想定外の支払いが発生しないようにします。運用管理補助者は、自治体がそのような責務を果たすための補助者としてサポートします。多くのケースにおいて、**ASPが運用管理補助者を兼ねることが想定**されます（マルチベンダーの場合は、住記や税等の主要システムを担うベンダーの可能性が高い）。また、運用管理補助者も、ASPと同様に個別領域の使途について制限があるので注意が必要です。

16　デジタル庁「地方公共団体情報システムのガバメントクラウドの利用に関する基準【第1.0版】」（2022年10月）

（2）単独利用方式と共同利用方式

　単独利用方式は、運用管理補助者が「単独」の自治体の個別領域を管理している状態であり、**共同利用方式**では運用管理補助者が「複数」の自治体の個別領域を管理している状態です（図表3－5）。共同利用方式の手続きとしては、まず自治体はデジタル庁に共同利用方式を希望する利用申請（図表3－5内オ）を提出します。デジタル庁と自治体の間に利用権付与・運用管理委託契約（図表3－5内イ）が締結された後、デジタル庁は運用管理補助者（図表3－5内E）が自治体を介さず直接に個別領域利用権限を行使できるよう措置（図表3－5内カ）[17]します。

　共同利用方式は、複数の領域を同時に管理することによる効率化やコスト削減が見込まれます。ASPが運用管理補助者であり、複数の自治体にソフトウエアを提供しながら集約的に管理している状態は、SaaS型サービスに近いイメージになります。ガバメントクラウド利用基準では、①手続きの簡素化、②既存の利用形態と類似することによる負担軽減、③ベンダーによる集約的な運用管理等の観点から**共同利用方式を推奨**しています。

17　ガバメントクラウド利用権付与・運用管理委託契約上、ガバメントクラウド個別領域利用権限についてはデジタル庁からの付与を受けて地方公共団体が保有するが、ガバメントクラウド共同利用方式においては、手続きとしては、地方公共団体がガバメントクラウド個別領域のクラウドサービス等の運用管理を個別に行わないことを前提として、デジタル庁が地方公共団体を介さず直接に、ガバメントクラウド運用管理補助者においてガバメントクラウド個別領域利用権限を行使できるよう措置することとし、手続きを簡素化する。

図表3－5　共同利用方式での契約モデル

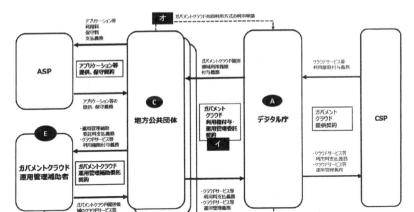

出典：デジタル庁「地方公共団体情報システムのガバメントクラウドの利用に関する基準【第1.0版】」
（2022年10月）に著者加筆

Ⅳ リソース管理と通信回線

（1） ガバメントクラウドの領域管理

　ガバメントクラウドは、利用者（府省庁、自治体）に提供される**「個別領域」**とデジタル庁が事業全体を管理するための**「管理領域」**に大別されます。自治体は、自団体に振り出された個別領域について管理権限を持ちます。デジタル庁は、個別領域を提供する機能や全体を管理するための機能（監査ログ、通信回線接続、セキュリティ機能等）について権限を持ちます。つまり、デジタル庁は、自治体の個別領域にある業務データにアクセスすることはできません。

図表３－６　ガバメントクラウドの領域

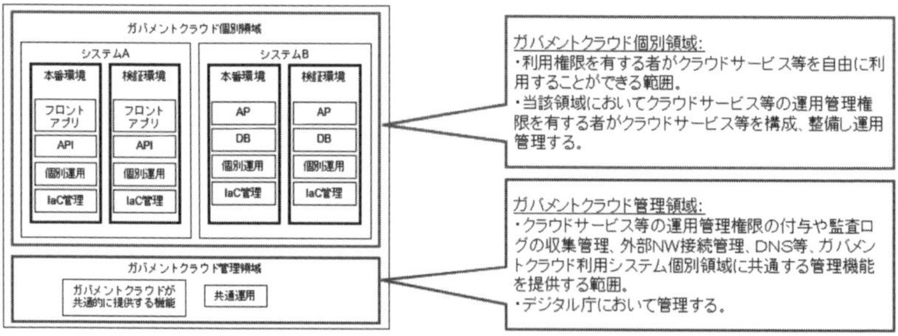

出典：デジタル庁「地方公共団体情報システムのガバメントクラウドの利用に関する基準【第1.0版】」
（2022年10月）

（2） リソース分割

　共同利用方式では、運用管理補助者が複数の自治体の個別領域を

管理します。個別領域ごとに運用環境（運用管理サーバー等）を構築すると効率が悪いことから、集約的な運用環境（ベンダー環境）より複数の個別環境（自治体環境）を管理する可能性があります。その場合、a）個別領域との分割、b）アクセスの制御、c）運用環境のリソース利用に対しての支払い等の課題が発生します。各クラウドサービスにおいて、どのような**分割の方法**があるか、デジタル庁から自治体にのみに開示されている資料[18]に整理されているので参照してください。

（3）通信回線

ア　提供されるサービス（～2024年度）

　ガバメントクラウドを利用するための通信回線のうち、デジタル庁は、2024年度まで2種類の接続サービス（①、②）を提供します（図表3-7）。これらを「**ガバメントクラウド接続サービス**」といいます。ただし、これはガバメントクラウド本体と同様に、デジタル庁は利用できるしくみを用意するものであり、利用の手続きや利用料金は自治体の負担となるので注意が必要です[19]。各クラウドサービスにおいて、どのような回線の設定方法（**回線の共用等の方式**）があるか、デジタル庁から自治体にのみに開示されている資料[20・21]に整理されているので参照してください。

18　デジタル庁「ガバメントクラウド利用における推奨構成　AWS編／Azure編／Google Cloud編／OCI編」（2023年3月）※自治体以外には非公表。
19　令和5年7月28日付デジタル庁事務連絡「令和6年度地方公共団体情報システムにおけるガバメントクラウド接続の検討状況について（情報提供）」
20　デジタル庁「ガバメントクラウド利用における推奨構成　AWS編／Azure編／Google Cloud編／OCI編」（2023年3月）※自治体以外には非公表。
21　令和5年7月28日付デジタル庁事務連絡「令和6年度地方公共団体情報システムにおけるガバメントクラウド接続の検討状況について（情報提供）」

①自治体が利用する複数のガバメントクラウド個別領域間

　・たとえば、住民記録システムのASPがAWSを利用し、税
　　務システムのASPがAzureを利用しているような場合、両
　　クラウドを結ぶ通信回線

②ガバメントクラウド個別領域から自治体の終末装置の間

　・自治体の終末装置とは、自治体庁舎や自治体のデータセン
　　ター等

図表3－7　ガバメントクラウド接続サービスの範囲

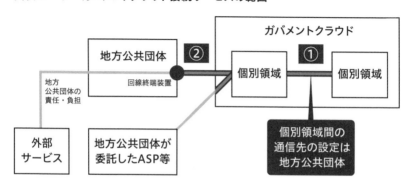

ガバメントクラウドの接続サービス：図中 ①、②の ━━ 部分

出典：デジタル庁「地方公共団体情報システムのガバメントクラウドの利用に関する基準【第1.0版】」
（2022年10月）に著者加筆

イ　主な仕様

　ガバメントクラウド接続サービスの主な仕様は以下のとおりです[22]。
標準化対象事務を担う情報システムは、大規模なものが多く、かつ

22　デジタル庁「地方公共団体情報システムのガバメントクラウドの利用に関する
　　基準【第1.0版】」（2022年10月）

多くの個人情報を取り扱うことから、通信回線には、①専用回線による安全性、②十分な通信容量による可用性、③高い稼働率による可用性等の要素が求められますが、調達要件で②と③は確保できているといえます。①について、閉域網のみでは不足していますが、各クラウドサービスが提供する専用線接続サービスを選択する[23]ことにより満たすことができます。

・全国規模でサービス提供が可能で、通信経路は海外を経由せず日本国内に閉じたネットワークサービス
・インターネット回線を経由しない閉域ネットワークサービス
・通信帯域は最大1Gbpsまで複数選択可能
・接続回線は2回線での冗長構成を可能
・料金月単位のネットワークの稼働率が99.99％以上
・料金月単位の遅延時間が基準値50m秒以内

ウ　各事業との接続

　自治体の業務を行うためには、ガバメントクラウド上の標準準拠システムとその他の環境にあるシステムを通信回線で結ぶ必要があります。異なる環境との接続経路について、以下（b〜d）と図表3-8にまとめました。いずれも自治体ローカル環境（庁舎等）を経由することになるので注意が必要です。ただし、各接続経路に例示されている事業については、今後環境が変化する可能性があります（搭載されるクラウドが変更になり、接続経路が変わる等）。

23　LGWANを介したガバメントクラウドへの接続については準備中。

a）ガバメントクラウド接続サービス（図表 3 - 7 内①）

　・複数のガバメントクラウド個別領域

　　→標準化対象システムが、複数のクラウドサービスに分散した場合（例：住民記録はAWS、税はOCI）は、デジタル庁の提供するガバメントクラウド接続サービスにより相互に通信できる。

b）LGWAN共用線部分を介した連携（図表 3 - 8 内b）

　・ガバメントクラウド上の府省庁システム

　・LGWAN-ASP

　・マイナポータル（※）

　　→標準化対象システムから自治体ローカル環境（庁舎等）までは、ガバメントクラウド接続サービス（図表 3 - 7 内②）により通信する。自治体ローカル環境は、マイナンバー系ネットワーク（NW）。マイナンバー系NWから中継サーバー等を介しLGWAN回線（共用線部分）に接続する。LGWAN回線を介して上記システム等に接続する。※マイナポータルとの連携については、共通機能標準仕様書[24]に「マイナポータル等と標準準拠システムをつなぐための機能である申請管理機能についても、当面は令和7年をターゲットに、ガバメントクラウドにおいて標準準拠システムが利用できる申請管理機能として、基本的な機能から、希望する地方公共団体が利用することが可能になるよう検討を進める」と記載があり、その場合は

---

[24]　デジタル庁「地方公共団体情報システム共通機能標準仕様書【第2.0版】」（2023年 3 月）

　　　　ガバメントクラウドとマイナポータル間に直接の通信経

　　　　路が構築される可能性もある。

c）LGWAN専用線部分を介した連携（図表3－8内c）

　　・マイナンバー中間サーバー

　　→標準化対象システムから自治体ローカル環境（庁舎等）ま

　　　では、ガバメントクラウド接続サービス（図表3－7内

　　　②）により通信する。自治体ローカル環境は、マイナン

　　　バー系ネットワーク（NW）。マイナンバー系NWから

　　　LGWAN回線（専用線部分）を介して中間サーバーに接

　　　続する。

d）専用線を介した連携（図表3－8内d）

　　・自治体クラウド（地域のデータセンター等）

　　・単独クラウド（全国ベンダーのデータセンター等）

　　→標準化対象システムから自治体ローカル環境（庁舎等）ま

　　　では、ガバメントクラウド接続サービス（図表3－7内

　　　②）により通信する。自治体ローカル環境は、マイナン

　　　バー系ネットワーク（NW）。マイナンバー系NWから専

　　　用線等を介して上記システムに接続する。

　住民情報系システムの一部や内部管理系のシステムは、自治体の
ローカル環境（電算機室）や自治体が契約するデータセンター（地
域のデータセンター、全国ベンダーのデータセンター）に収納され
ている可能性が高いので、ガバメントクラウド上にある標準化対象
システムとの通信量に応じた回線を確保することが必要になります。
また、これら以外にもアウトソーサーとの通信がある場合は（印刷

会社への帳票印刷原稿送付、金融機関への振り込み情報送付等）、必要に応じてデータ形式を見直すことも有効です（例：通信量の大きいファイル形式からテキスト形式への変更等）。

図表３－８　各事業との接続回線

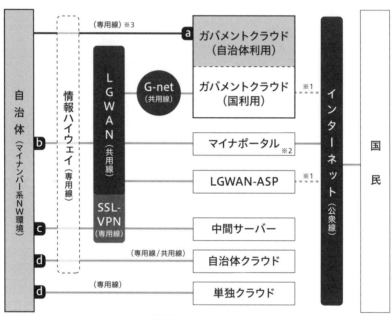

※1 システムにより異なる。
※2 一部の国システムはガバメントクラウドへの移行が検討されている。
※3 LGWANを介した接続について準備されている。

出典：著者作成

エ　2025年度以降の接続

　2025年度以降のガバメントクラウドへの接続は、LGWANを利用する方向にて準備が進められています。現行の第４次LGWANは、2025年度末までの事業期間があるものの、第５次LGWANを

2025年度中に運用開始し、ガバメントクラウドへの接続に利用しようとするものです。詳しくは、地方公共団体情報システム機構（J-LIS）等から自治体向けに提供されている説明資料[25]を参照してください。LGWAN接続開始に伴い、ガバメントクラウド接続サービスが終了する場合は、同事業が提供している２種類の接続サービス、すなわち①複数のガバメントクラウド間接続と②自治体とガバメントクラウド間の専用線接続について、LGWAN接続サービスにおいても同等のものが提供されることが想定されます。一方で、ガバメントクラウド利用に伴う性能やセキュリティに関する要件を満たすためには、今後、次期LGWANでの大幅なインフラ増強（回線帯域増強、二重化）や接続方式（市町村からの直接接続／都道府県ノード接続等）について、事業主体（J-LIS）と利用団体の間で迅速に整理する必要があります。

25　地方公共団体情報システム機構「次期LGWANについて（自治体向け説明資料）」（2023年７月）

Ⅴ セキュリティ

（1）調達要件として課されているセキュリティ対策

　ガバメントクラウドのセキュリティは、主に①調達時にクラウド事業者に課されるセキュリティ要件[26]、②デジタル庁がテンプレート等で一律にガバメントクラウド全体の環境に適用するセキュリティ設定、そして③利用者が個別環境の利用において設定するセキュリティの3種類から構成されています。調達時にクラウド事業者に課される要件のうち過半数がセキュリティに関するものであることは、事業においてセキュリティが重要な要素であることを示しています。特に重要な要件について以下に列挙します。

ア　データ保管場所・法令

　調達要件に「情報資産はユーザが指示しない限り**日本国内に保管**されること」とあり、データセンターが日本国内にあることを指定しています。また、「原則として準拠法については日本法とし、国際裁判管轄は東京地方裁判所とすること」と**日本法の適用**についても記載されています。世界的にシェアの高いクラウドサービスは、データセンターを世界中に保有していたり、また日本国内に所在する場合でも係争の際に適用される法律が外国法であったりする場合もありますが、ガバメントクラウドへの採用にあたっては、これらの懸念点を払しょくする要件が定めてあります。

26　デジタル庁「デジタル庁におけるガバメントクラウド整備のためのクラウドサービスの提供－令和5年度募集－調達仕様書 基本事項（別紙1）」（2023年9月）

イ　ISMAP監査

　ガバメントクラウドに採用されるクラウドサービスは、ISMAP に登録されていることが要件となります。**ISMAP**（Information system Security Management and Assessment Program）とは、政府情報システムのためのセキュリティ評価制度であり、国が求めるセキュリティ要求を満たしているクラウドサービスをあらかじめ評価・登録することにより、国のクラウドサービス調達におけるセキュリティ水準の確保を図り、もってクラウドサービスの円滑な導入に資することを目的としています[27]。この制度は、米国の FedRAMP[28]（米国政府機関におけるクラウドセキュリティ認証制度）等を参考に日本で整備されたもので、官公庁が安全にクラウドサービスを利用するために**毎年監査**を行い、安全性が確認されたサービスを登録するものです。ちなみに2023年9月時点で50個のサービスがISMAPに登録されています。したがって、ガバメントクラウドに採用されたクラウドサービスは、官公庁が利用するための適切な基準にて監査されたものです。

ウ　Tier3データセンター

　ガバメントクラウドは、データセンターの品質に関して、「Tier3」という要件を課しています。Tierとは、国際的な機関であるアップタイム・インスティチュート（Uptime Institute、LLC[29]）がデータセンターの安全性や信頼性について格付けする基準であり、レベルは1から4に分かれていて、4が最も高度に位置します。ガ

27　独立行政法人情報処理推進機構が運営する「ISMAPホームページ」＜https://www.ismap.go.jp/csm＞
28　アメリカ合衆国のクラウドサービスセキュリティ評価制度であり、連邦政府等がクラウドサービスを調達する際に利用される。
29　Uptime Institute, LLC「ホームページ」＜https://uptimeinstitute.com/＞

バメントクラウドが課している、**Tier3**の基準では、①複数の電力／冷却経路を持ち、②データセンターがオフラインにせず、更新やメンテナンスを行っており、③可用性は99.982%（年間のダウンタイムは1.6時間）であること等が要求されます[30]。このようにガバメントクラウドに採用されるデータセンターは、国際的な評価基準からも安全性や信頼性について評価を受けていることになります。

（2）テンプレートでのセキュリティ対策

　デジタル庁は、自治体がガバメントクラウドを利用する際に、**テンプレート**の適用を求めています。テンプレートとは、セキュリティや運用管理のための設定集であり、セキュリティ上最低限必要となる機能を設定します。デジタル庁は、個別領域を払い出した際に、「ベースラインテンプレート[31]」を提供し、そこで、①予防的統制に係るサービスの設定と②発見的統制に係るサービスの設定を行います。一方で、運用補助者は、③発見的統制に係るサービスの収集対象とすべき情報の設定と④発見的統制に係るサービスによる不正検出時の通知先の設定を行います。ただし、個別領域を管理する責任は自治体にあることから、テンプレートの活用も含め、個別領域でのセキュリティ対策についても責任を負います。

30　日本ヒューレット・パッカード合同会社「ホームページ＞Enterprise Glossary」＜https://www.hpe.com/jp/ja/what-is.html＞
31　デジタル庁「地方公共団体情報システムのガバメントクラウドの利用に関する基準【第1.0版】」（2022年10月）

（3）利用者が設定するセキュリティ対策

　ガバメントクラウドやガバメントクラウド接続サービスにおいて、自治体が設定するセキュリティ対策は、自団体のセキュリティポリシーに基づいたものになります。また、自治体のセキュリティポリシーは、総務省の策定したガイドライン[32]が示す方針に大きく影響を受けています。現状、総務省ガイドラインでは「三層の対策」という**境界型防御**の方針が採用され、標準化対象となっている20事務を担当するシステムはおおむね「マイナンバー系」という最もセキュアな領域に位置づけられています。総務省ガイドラインは、近年自治体の利便性を高める目的（β、β'モデルの提示等）で毎年のように改定を行っていますが、今後ガバメントクラウド利用における環境の親和性を図る目的でも改定を行う可能性があります。

　共同利用方式では、複数の団体でいくつかの要素をシェアするため、①クラウドリソースの団体間の分離や、②通信回線の分離において、クラウドサービスが提供するどの選択肢が適切か判断しなければなりません。デジタル庁から自治体にのみに開示されている資料に整理されているので参照してください[33・34]。

　一方、可用性については、事務処理量等、自治体ごとの状況において判断すべき事項になります。システムアーキテクチャーについて、データセンターリージョンや通信回線の複層化、バックアップやホットスタンバイなどデータやシステムの複層化等を選択するこ

---

[32]　総務省「地方公共団体における情報セキュリティポリシーに関するガイドライン」（2023年3月）
[33]　デジタル庁「ガバメントクラウド利用における推奨構成　AWS編／Azure編／Google Cloud編／OCI編）」（2023年3月）※自治体以外には非公表。
[34]　令和5年7月28日デジタル庁事務連絡「令和6年度地方公共団体情報システムにおけるガバメントクラウド接続の検討状況について（情報提供）」

とになります。これらの選択肢についても、デジタル庁から自治体にのみに開示されている資料[35]に整理されているので参照してください。

35　デジタル庁「ガバメントクラウド利用における推奨構成　AWS編／Azure編／Google Cloud編／OCI編）」（2023年3月）※自治体以外には非公表。

Ⅵ 課題・論点

（1） ガバメントクラウド以外のクラウド

　自治体が標準準拠システムの実装環境としてガバメントクラウドを利用することは、標準化法第10条により努力義務とされています。一方で、基本方針には「ガバメントクラウドと比較して、**ガバメントクラウド以外のクラウド環境**その他の環境の方が、性能面や経済合理性等を比較衡量して総合的に優れていると判断する場合には、当該ガバメントクラウド以外のクラウド環境その他の環境を利用することを妨げない」と記載されています。ただし、補助金[36]の適用を受けるためには、以下の条件（①、②）が適用されるので注意が必要です[37]。

①ガバメントクラウドと性能面・経済合理性等を定量的に比較した結果を公表するとともに、継続的にモニタリングを行うこと。
②当該環境とガバメントクラウドを接続し、ガバメントクラウド上の標準準拠システム等と、必要なデータを連携させることを可能とすること。

（2） 環境の分散

　自治体のシステムが複数の環境に分散することは、①運用経費の

36　デジタル基盤改革支援補助金（地方公共団体情報システムの標準化・共通化に係る事業）
37　「地方公共団体情報システム標準化基本方針」（2023年9月8日閣議決定）

増大や②通信費用の増大につながる可能性があります。ガバメントクラウドには、住民情報系システムの多くが移行すると考えられますが、一部は既存環境に残る可能性があります。また、ガバメントクラウドに移行する時期もシステムごとに異なる可能性があります。そして、多くの団体において、内部管理系システムは引き続き既存環境に残ることが想像されます。一挙にすべてのシステムをガバメントクラウドに移行することは困難であることから、ガバメントクラウド移行前後の過渡期においては、複数の環境を併用しなければならない可能性があります。

（3）リソース分割

　共同利用方式では、回線やサーバーリソースの一部を複数の団体で共同利用することにより、経費を低減化できる可能性があります[38]。一方で、デジタル庁は、個々の自治体と「ガバメントクラウド利用権付与・運用管理委託契約」を締結し、それぞれの団体はデジタル庁に利用料を支払う[39]ことから、共用した部分の支払額について団体間の按分が必要となります。契約上は自治体に按分の権限があるように見えるものの、実態としてのリソース配分作業は運用管理補助者であるベンダーが行うため、権利関係や按分算出式等における関係者間の合意が不可欠といえます。また、境界型分離の方針で規定されている各団体のセキュリティポリシーとの整合性についても確保する必要があります。

38　デジタル庁「ガバメントクラウド利用における推奨構成　AWS編／Azure編／Google Cloud編／OCI編」（2023年3月）※自治体以外には非公表。
39　デジタル庁「地方公共団体情報システムのガバメントクラウドの利用に関する基準【第1.0版】」（2022年10月）

Chapter 4

自治体での移行作業

Ⅰ 移行作業の留意点

　自治体システムの標準化とガバメントクラウド移行に伴う作業は、従来のシステム調達と異なる特徴があります。作業を進めるにあたり、それらの特徴を理解したうえで、推進方法や体制、その他リソース（外部人材等）を適切に手配しなければなりません。

（1）短期間での移行

　標準化対応の期限は、基本方針[1]に2025年度末（2026年3月末）と設定されています[2]。調達方法が大幅に変わるものの、**準備期間は長くはありません**。この期間にすべての自治体が同時に作業を行うことから、対応する事業者（自治体システムベンダー、支援コンサルタント、アウトソーサー等）の作業がひっ迫し、タイムリーに対応できなくなる可能性があります。特に、期限の年である2025年度は最も作業が集中する見込みです。また、従来は営業活動の一環として、機能比較や移行計画案作成など上流工程の一部をベンダーが担っていたケースもありますが、余力がなくなる可能性があります。

　そのような事態に対して、自治体においては、①迅速に体制を立ち上げ、②能動的に検討作業を進め、③不足するリソース（人員、知見）については早めに確保しておくことが有効となります。

1　「地方公共団体情報システム標準化基本方針」（2023年9月8日閣議決定）
2　基本方針には、①メインフレームからの移行に時間を要する、②現行ベンダー撤退に際し、代替ベンダーが見つからないなど難易度の高いケースは別個期限の設定ができるとされているが、この場合でもデータ要件の標準化基準は2025年度末までに完了する必要がある。

（2）国の関与

　今回の事業が従来のシステム調達と異なる２つ目のポイントは、**国の関与が大きい**ということです。従来のシステム調達では、調達時期、仕様書、利用するサービス等についてすべて調達する自治体で決定していましたが、今回の事業では、①事業が法律（標準化法）で定義され、②国は基本方針でスケジュールを設定し、③国はシステムの標準仕様書を提示し、④国はシステムを実装するクラウド環境（ガバメントクラウド）を提供し、⑤国は移行のための財政支援[3]を行います。

　したがって、自治体では、国から発出される情報について絶えずウォッチしておく必要があります。特にガバメントクラウドやガバメントクラウドへの接続回線についての関連文書は、ホームページでの情報公開が極めて乏しく、国等からの事務連絡等による情報開示となっていますので、漏れなく情報を受け取り、整理しておくとともに、ベンダーに対しても参照すべき情報について相互に確認しあうことが有効です。

（3）BPRの必要性

　今回の事業が従来のシステム調達と異なる３つ目のポイントは、自団体の仕様に従ってシステムが構築されるわけではなく、**標準仕様に従って構築されたシステムに自団体の業務を合わせていくこと**になります。具体的には、Fit&Gap（フィット・アンド・ギャッ

3　総務省「デジタル基盤改革支援基金（自治体情報システムの標準化・共通化）」
　（R２第３次補正予算、R３第１次補正予算）

プ）という作業により、自団体の業務と標準仕様の業務フローの差、そしてベンダーが提供する標準準拠ソフトとの差を見極めたうえで、自団体の業務フローやマニュアル等を見直していくという**BPR（業務改革）**の手法が必要になります。具体的なステップや従来の手法との違いについては、このあと解説します。

Ⅱ 国等の支援措置

（1）財政支援（補助金）

　移行作業に対する国の財政支援として「デジタル基盤改革支援基金（自治体情報システムの標準化・共通化)」が提供されています。令和２年第３次補正予算と令和３年第１次補正予算を合算した金額1,825億円をもとに、地方公共団体情報システム機構（J-LIS）にて**2025年度まで使える基金を造成して、自治体に補助金**[4]を振り出すしくみです。

図表４－１　補助金の拠出スキーム

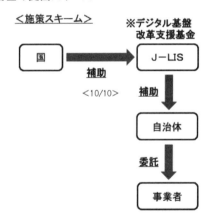

出典：総務省「自治体情報システムの標準化・共通化に係る手順書【第3.0版】」(2023年９月)

4　デジタル基盤改革支援補助金（地方公共団体情報システムの標準化・共通化に係る事業）

ア　主な利用条件

　この補助金を利用するには、いくつかの条件があります。特に注意しなければならないのは、a）対象となるシステム、b）移行先環境、c）期限の3点です。

a）対象システム：標準準拠システム（20個の事務）のすべて

　対象は政令[5]・命令[6]で標準化対象とされている20個の事務を行うシステムです。これらの**すべてをガバメントクラウド上で提供される標準準拠システムへ移行**させる必要があります。ちなみに2023年度に追加された「人口動態調査事務」と「火葬等許可事務」については、⑪戸籍事務を行うシステムのサブシステムに位置づけられています。

＜対象システム＞

　①児童手当、②子ども・子育て支援、③住民基本台帳（外国人含む）、④戸籍の附票、⑤印鑑登録、⑥選挙人名簿管理、⑦固定資産税、⑧個人住民税、⑨法人住民税、⑩軽自動車税、⑪戸籍、⑫就学、⑬健康管理、⑭児童扶養手当、⑮生活保護、⑯障害者福祉、⑰介護保険、⑱国民健康保険、⑲後期高齢者医療、⑳国民年金

　これら以外のシステムにおいても同一環境に移行したい希望がある可能性があり、補助金要綱のQ&A[7]には、「地方公共団体独自の業務に係るシステム自体は、（中略）住民記録や税などの標準化対

5　「地方公共団体情報システムの標準化に関する法律第二条第一項に規定する標準化対象事務を定める政令（令和4年政令第1号）」
6　「地方公共団体情報システムの標準化に関する法律第2条第1項に規定する標準化対象事務を定める政令案及び同令に規定するデジタル庁・総務省令で定める事務を定める命令（令和4年デジタル庁・総務省令第1号）」

象システムと連携している場合には、標準準拠システムへの移行に伴い独自業務に係るシステムとの連携プログラムに必要な修正が生ずることが見込まれ、当該連携に要する経費については本補助金の対象となるものと考えている」と記載されています。具体的な適用可否については、補助金を担当する事務局（J-LIS）に確認するようにしてください。

b）移行先環境：原則ガバメントクラウドの利用

　この補助金は**ガバメントクラウドを利用することを原則**としています。ただし、基本方針[8]に「ガバメントクラウドと比較して、ガバメントクラウド以外のクラウド環境その他の環境の方が、性能面や経済合理性等を比較衡量して総合的に優れていると判断する場合には、当該**ガバメントクラウド以外のクラウド環境**その他の環境を利用することを妨げない」と記載されていることから、他のクラウド環境においての利用についても補助金が適用されます。ただし、以下の条件（①、②）を満たす必要があるので注意が必要です[9]。一方、オンプレミスで導入する場合は補助金の対象となりません。

　①ガバメントクラウドと性能面・経済合理性等を定量的に比較した結果を公表するとともに、継続的にモニタリングを行うこと。
　②当該環境とガバメントクラウドを接続し、ガバメントクラウド上の標準準拠システム等と、必要なデータを連携させることを可能とすること。

7　「デジタル基盤改革支援補助金（地方公共団体情報システムの標準化・共通化に係る事業）に関するQ＆A（第3版）」（2022年3月9日）
8　「地方公共団体情報システム標準化基本方針」（2022年10月7日閣議決定）
9　「デジタル基盤改革支援補助金（地方公共団体情報システムの標準化・共通化に係る事業）に関するQ＆A（第3版）」（2022年3月9日）

c）期限：2025年度までに移行

　補助金が適用される期限については、法令[10]に基金の設置期限が「令和8年3月31日」と記載されており、また補助金要綱のQ&Aに「本補助金の交付に当たっては、**令和7年度までに、ガバメントクラウド上で提供される標準準拠システムに移行することが前提**と考えており、令和8年度以降のガバメントクラウドへのリフトを前提とした標準化に要する経費は、本補助金の対象とならない[11]」と記載されています。

イ　対象経費

　補助金の対象となる主な経費は、a）対象システムの移行に係る経費（下記①～③）や、b）対象システムと関係するシステムとの連携に係る経費（下記⑤）、c）テスト・研修（下記④）、e）移行に伴う既存契約の変更等（下記⑥）です。調査等の準備費用や既存契約の変更等が含まれる点が過去の自治体の情報システムの補助金と比べた場合の特徴といえます。一方でシステムの利用料や、自治体職員の人件費、PIA実施経費等は含まれないので注意が必要です。具体的な内容については、補助金事務処理要領[12]やQ&A[13]を参照するとともに、具体的な適用可否については、補助金を担当する事務局（J-LIS）に確認するようにしてください。

10　「地方公共団体情報システム機構法（平成25年法律第29号、令和3年法律第37号による改正）」第9条の2
11　「デジタル基盤改革支援補助金（地方公共団体情報システムの標準化・共通化に係る事業）に関するQ&A（第3版）」（2022年3月9日）
12　「デジタル基盤改革支援補助金（地方公共団体情報システムの標準化・共通化に係る事業）事務処理要領」（2022年3月9日）
13　「デジタル基盤改革支援補助金（地方公共団体情報システムの標準化・共通化に係る事業）に関するQ&A（第3版）」（2022年3月9日）

＜補助対象経費＞

①調査等準備経費

　・標準仕様書等と現行システム仕様との差異の洗い出し

　・業務プロセス等への影響範囲の特定のための現行システム調査

　・標準準拠システムに基づく事務運用等の見直し検討

　・システム更新時期等を踏まえた移行計画作成等

②文字の標準化・データ移行等に要する経費

　・現行システムで使用中の外字と行政事務標準文字[14]との同定

　・ガバメントクラウドへのデータ移行作業

　・データクレンジング

③環境構築に要する経費

　・ガバメントクラウド上の標準準拠システムへの接続設定

　・標準準拠システム利用に必要なパラメータなど初期設定

④テスト・研修に要する経費

　・標準準拠システムに係る一連のテスト

　・操作研修の実施

⑤関連システムとの円滑な連携に要する経費

　・標準準拠システムと連携する関連システムとの間の連携

　・関連システムがガバメントクラウド上で提供される場合の稼

14　文字情報基盤文字（MJ）に1万字弱を加えた文字セット（MJ＋）。標準準拠システム間において氏名等を情報連携する場合には、MJ＋を使用する。

働環境への接続設定や連携テスト

⑥契約期間中における既存システムの整理に要する経費
　・令和7年度までに標準準拠システムに移行するために必要と
　　なる現行システムに係る契約期間の変更等を行う場合に不可
　　避的に発生する追加的な経費（リース残債等）

＜補助対象外経費＞

⑦アプリケーション利用料（開発経費を含む）、リース料等の運
　用経費
⑧事務運用の見直しに伴うAI・RPAの導入等に要する経費
⑨条例・規則等の改正、PIA実施に要する経費
⑩地方公共団体職員に係る人件費（時間外手当を含む）
⑪地方公共団体職員に係る旅費
⑫諸謝金（調査研究等準備経費に含まれるものを除く）
⑬一般事務費（通信運搬費、資料等印刷経費等）

ウ　交付額

　補助率は10/10となっていますが、補助金要綱のQ&A[15]には、
「市町村の人口規模等に応じて補助基準額の**上限額**を設定し、それ
と各地方公共団体からの申請額のうち補助対象経費として認められ
る額のいずれか低い方の金額を交付額として算定する」と記載があ
るため、注意が必要です。上限額については、補助金要綱の別紙[16]
に人口規模別の算出式が掲載されており、固定費と変動費の合計額

---

15 「デジタル基盤改革支援補助金（地方公共団体情報システムの標準化・共通化
　　に係る事業）に関するQ&A（第3版）」（2022年3月9日）

にて求めます。補助対象経費項目ごとの上限額や補助の基準は特段定められていません。

　毎年度の交付申請スケジュールについては、毎年年明けに通知する予定にしており、交付申請から交付決定まで約1か月を必要とするようです[17]。原則として、交付決定がなされた日以降より事業着手（契約締結）することが可能であり、交付決定日より前から事業着手することはできないため注意が必要です。

（2）人的支援・知見提供

ア　マニュアル

　事業に関連して国は、さまざまな文書を発出しています（図表4－2）。これらのうち、主にベンダーがシステム構築の際、技術面で参照すべきものは、a）各事務の標準仕様書（機能、帳票）、b）共通部分の標準仕様書（データ・連携、非機能、共通機能）、c）ガバメントクラウド関連文書（利用基準、推奨構成）です。一方、主に自治体職員が業務面の検討で参照すべきものは、a）各事務の標準仕様書（業務フロー、帳票）、b）手順書、c）手続き関連文書（補助金等）です。特に、「**自治体情報システムの標準化・共通化に係る手順書（移行手順書）**」（図表4－2　★印）は、自治体が事業に取り組む際のマニュアルというべき内容であり、検討体制の構築から作業ステップまで、自治体の視点にて記載されているので、これに従って作業を進めることができます。

16　「デジタル基盤改革支援補助金（地方公共団体情報システムの標準化・共通化に係る事業）事務処理要領 別紙 補助基準額の上限額の算定方法について」（2022年3月9日）
17　「ＦＡＱ（自治体オンライン手続推進事業）」（2022年3月9日）

図表 4 － 2　国から発出された関連文書

| 地方公共団体情報システムの標準化に関する法律 |
| 地方公共団体情報システムの標準化に関する法律第二条第一項に規定する標準化対象事務を定める政令【法§2①】 |
| 地方公共団体情報システムの標準化に関する法律第二条第一項に規定する標準化対象事務を定める政令に規定する
デジタル庁令・総務省令で定める事務を定める命令【法§2①】 |
| 地方公共団体情報システム標準化基本方針【法§5】 |

標準化対象事務の標準仕様書【法§6】

住民記録システム標準仕様書	印鑑登録システム標準仕様書	戸籍情報システム標準仕様書	戸籍附票システム標準仕様書
選挙人名簿管理システム 標準仕様書	税務システム標準仕様書	就学事務システム (学齢簿編製等)標準仕様書	就学事務システム (就学援助)標準仕様書
健康管理システム標準仕様書	児童扶養手当システム 標準仕様書	生活保護システム標準仕様書	障害者福祉システム 標準仕様書
介護保険システム標準仕様書	国民健康保険システム 標準仕様書	後期高齢者支援システム 標準仕様書	国民年金システム標準仕様書
児童手当システム標準仕様書	子ども・子育て支援システム 標準仕様書		

| 地方公共団体情報システムデータ要件・連携要件標準仕様書【法§7(法§5②Ⅲイ)】 |
| 地方公共団体情報システム非機能要件の標準【法§7(法§5②Ⅲロ・ニ)】 |
| 地方公共団体情報システムのガバメントクラウドの利用に関する基準【法§7(法§5②Ⅲハ)】 |
| 地方公共団体情報システム共通機能標準仕様書【法§7(法§5②Ⅲニ)】 |
| デジタル庁「ガバメントクラウド利用における推奨構成
AWS編/ Azure編/ Google Cloud編/ OCI編」(2023年3月) |
| ★ 自治体情報システムの標準化・共通化に係る手順書【法§9②】 |
| デジタル基盤改革支援補助金事務処理要領・Q&A・FAQ【法§9②・§11】 |
| 標準化PMO上のFAQ等【法§9②】 |

業務面の検討で参照（左）　技術面の検討で参照（右）

出典： 総務省「自治体情報システムの標準化・共通化に係る手順書【第3.0版】」(2023年9月)に筆者加筆

イ　移行支援体制とPMOツール

　標準化基本方針に基づく移行支援期間において、国は自治体の進捗状況や課題の把握が重要であることから、デジタル庁に「標準化リエゾン（リエゾン）」が設置されます。リエゾンは、自治体からデジタル庁に出向している職員を中心に構成され、都道府県連絡会議等から得た情報に基づき、移行困難団体を支援することを目的にしています[18]。

　国と自治体との連絡調整窓口は、総務省が担います。総務省は、各自治体の標準化の進捗状況を把握するとともに、各府省において必要な助言や情報の提供等を行うためのツール（**PMOツール**）を

18　デジタル庁「地方公共団体の基幹業務システムの統一・標準化について」(2023年8月)

図表4－3　移行支援体制

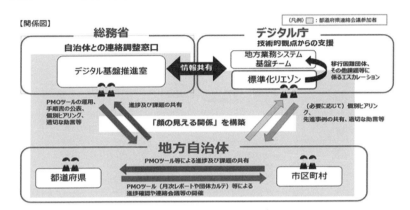

出典：デジタル庁「地方公共団体の基幹業務システムの統一・標準化について」(2023年8月)

構築し、デジタル庁、所管府省及び都道府県とも連携して市区町村の進捗管理等の支援を行っています。PMOツールでは、自治体が進捗状況を確認できるほか、作業に関する質疑や、国との課題の協議、FAQの参照等が可能となっています。また、デジタル庁も**「デジタル改革共創プラットフォーム[19]」**という自治体職員や政府機関職員が意見交換できるオンラインコミュニティを開設しています。

ウ　マイルストンと進捗管理

デジタル庁と総務省が連名で都道府県等に出した通知[20]では、移行手順書に示した各フェーズの完了期限を示した「**移行推進マイル**

19　デジタル改革共創プラットフォーム＜https://www.digital.go.jp/get-involved/co-creation-platform＞
20　デジタル庁・総務省「地方公共団体情報システムの統一・標準化に向けた取組の一層の推進等について（依頼）」(2023年5月23日)

ストン」（図表4-4）を提示するとともに、都道府県に市区町村のフォローアップをするよう協力を求めています。

図表4-4　マイルストンと完了目安

移行段階	作業内容	完了期限（目安）
フェーズ0 未着手	（未着手の自治体を0にする）	令和5年5月末
フェーズ1 計画立案	Fit&Gap分析による課題の洗い出し	令和5年9月末
フェーズ2 システム選定	予算要求・財政部局等との調整	令和5年12月末
	ベンダの選定・決定	令和6年3月末
フェーズ3 移行	システム移行時の設定	令和6年11月末
フェーズ4 移行完了	（運用開始ステータス）	令和8年3月末

出典：デジタル庁・総務省「地方公共団体情報システムの統一・標準化に向けた取組の一層の推進等について（依頼）」（2023年5月23日）から必要項目を著者抜粋

エ　専門人材派遣

　自治体では、特に小規模団体において情報化担当部門の職員が少なく、またITの知見を持った人材が不足しています。一方で、そのような人材を外部（コンサルタント等）に求めようとした場合、費用や（全国的に事業が取り組まれていることによる）人材不足の課題が想定されます。そこで、総務省等では、無料で自治体に**専門家を派遣しアドバイスを行う事業**を実施しています。自治体は各事業で登録されている各種専門家のなかから任意の人物を選択して、相談や庁内研修等を行うことができます。

①総務省「地方公共団体の経営・財務マネジメント強化事業[21]」

②総務省「地域情報化アドバイザー派遣制度[22]」

③J-LIS「地方支援アドバイザーの派遣[23]」

21　地方公共団体の経営・財務マネジメント強化事業＜https://www.soumu.go.jp/iken/management/index.html＞

22　地域情報化アドバイザー派遣制度＜https://www.soumu.go.jp/menu_seisaku/ictseisaku/ictriyou/manager.html＞

23　地方支援アドバイザーの派遣＜https://www.j-lis.go.jp/spd/adviser/adviser_gaiyou.html＞

Ⅲ 作業ステップ

（1）スケジュール

ア　ベンダー切替が発生するパターン（A）

　作業は、移行手順書[24]に沿って進めます。ベンダーの切替が発生するパターンと発生しないパターンでは、作業内容やスケジュールが異なるため注意が必要です。**ベンダー切替が発生するパターン**（図表4－5）としては、a）事業更新年度にあたり入札が不可避、b）業務内容が大幅に変更（例：スクラッチ開発からSaaSへ）されるため入札が不可避、c）ベンダーが標準化対応を行わず撤退する等の状況が考えられます。作業項目としては、⑦複数のベンダーに対して資料招請（RFI）を行うことや、⑨提案依頼（RFP）や⑩選定作業に時間を要する可能性があることからスケジュールが長くなる傾向があります。特に2025年に近づくほど、ベンダーの繁忙状態が深刻になることが予想されることから、各要請に対してベンダーからの対応が遅延したり、対応できないと回答されたりするケースが増加する可能性があるため注意が必要です。

24　総務省「自治体情報システムの標準化・共通化に係る手順書【第3.0版】」（2023年9月）

図表4－5　スケジュール：ベンダー切替あり（パターンA）

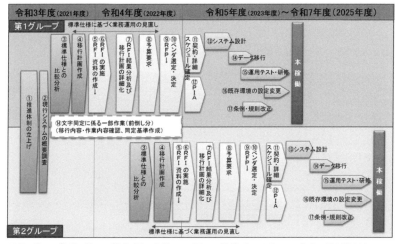

※第1グループと第2グループを分けたスケジュールとしているが、オールインワンパッケージの場合は
　纏めて作業手順を進めることもあり得る。

出典：総務省「自治体情報システムの標準化・共通化に係る手順書【第3.0版】」(2023年9月)に筆者加筆

イ　ベンダー切替が発生しないパターン（B）

　ベンダー切替が発生しないパターン（図表4－6）としては、a）既存ベンダーが標準化への対応を問題なく実施できる、b）事業期間の途中で契約変更等により標準化対応を行う、c）機能面などシステムの内容に大幅な変更がないため入札が不要等の状況が考えられます。ベンダー切替が発生するパターンに比べて、作業量や難易度が低下します。⑦資料招請（RFI）の対象は既存ベンダーのみとなり、⑨提案依頼（RFP）や⑩選定作業は基本不要になります。また、データ移行や並行運用発生時（複数のシステムで移行タイミングが異なる）では、ベンダーが切り替わる際に比べて難易度が下がります。こちらのパターンを採用する自治体が多いと想像されま

すが、マルチベンダーの場合は、システムによりパターンが異なる可能性もあります。

図表4－6　スケジュール：ベンダー切替なし（パターンB）

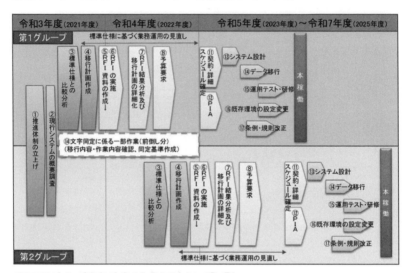

※RFP及びベンダ選定・決定の作業を行わない（⑨・⑩）。
※機能の詳細確認や操作研修等、導入・移行フェーズ時に一部作業が簡略化される（⑬～⑯）。
※第1グループと第2グループを分けたスケジュールとしているが、オールインワンパッケージの場合は纏めて作業手順を進めることもあり得る。

出典：総務省「自治体情報システムの標準化・共通化に係る手順書【第3.0版】」（2023年9月）に著者加筆

（2）推進体制の立ち上げ

ア　全体イメージ

　推進体制の立ち上げ（図表4－5、4－6内①）は、作業の起点であると同時にその後の作業の成否を左右する重要な局面といえます。移行手順書に記載されている推進体制の全体イメージ（図表4－7）は、関係する部門をすべて包含した**「全庁体制」**です。a)

幹部職員からなる推進本部、b）取りまとめを行う推進本部事務局
（PMO）、そしてc）標準化対象事務を担当するすべての部署（シ
ステム利用部門）の三階層により構成されます。近年の情報システ
ム関連事業では、マイナンバー制度対応で同様の体制が構築された
ことがありますが、標準化は予算規模や業務に与える影響がさらに
大きくなるため、推進体制には相応のコミット（予算・人員・権限
の付与、上級職の関与等）が必要となります。一方、本事業につい

図表４－７　庁内推進体制

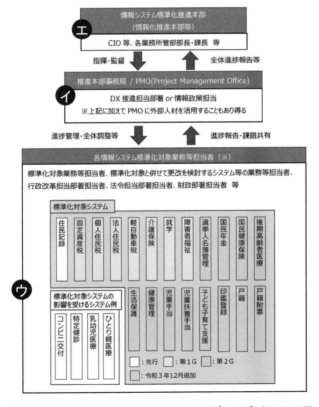

出典：総務省「自治体情報システムの標準化・共通化に係る手順書【第3.0版】」（2023年9月）に著者加筆

ては報道が少ないことなどから、首長や幹部職員、地方議会議員への認知が進んでいない現状があり、全庁体制確保に向けては、庁内での理解促進から始める必要があります。

　全庁体制が確保できず、従来のシステム更新の体制（ユーザー部門が個別に対応、または情報化担当部門に一任）で臨むと、検討が滞りスケジュールが遅延したり、移行後にシステムを使い始めてから業務手順の変更に迫られたりするなど、トラブルに見舞われる可能性があるので注意が必要です。以下に各階層において注意すべきポイントを挙げます。

イ　PMOへの権限付与と役割の明確化

　PMO（Project Management Office）とは、事業の全体管理を行う事務局です。本事業の性質から、情報化推進部門（情報政策課、情報システム課、デジタル推進課等）が担当するものと想定されます。PMOの主な役割には以下のものが挙げられます。

　①国から提供される関連資料の理解と整理
　②庁内の進捗管理と国や都道府県への報告
　③事業やシステム構成などベンダーとの技術的折衝
　④ユーザー部門の検討支援
　⑤予算や補助金申請等の取りまとめ

　国からは多くの資料が提示され、技術的内容を含みます。また、ベンダーとの折衝においても技術的要素が含まれることから、PMOには、a）庁内の情報システムに通じ、技術的に明るい職員を充てる必要があります。また、b）ユーザー部門との調整や、国・都道府県とのコミュニケーションが発生するため、調整・折衝

能力に長けた職員も必要です。そして、c）経費の算出や補助金申請等、事務面での対応も必要になることから、PMOは、複数の職員から編成することが適切と考えられます。

ウ　システム利用部門（ユーザー部門）を含めた全庁体制

　本事業では、標準仕様書の業務フローや利用するシステムに合わせて業務を見直す作業（BPR）が必要です。従来のシステム調達では、調達の前後で業務フローが変化しない（既存の業務フローを前提としたシステム調達を行う）ケースもあったため、注意しなければなりません。業務の変更は、必ず**ユーザー部門が主体**で行います。ユーザー部門の主な役割には以下のものが挙げられます。

①標準仕様書の業務フロー（標準業務フロー）の理解
②標準準拠システム（選定されたベンダー）の機能の理解
③上記に合わせた業務フローや職員配置の変更
④上記に合わせたマニュアルや帳票、規定類等の変更、条例改正の整理
⑤新しい業務フロー、システムに対応するための研修

　ユーザー部門では、a）業務の見直しを行わなければならないことから、全体の業務に通じた職員が担当することが有効であり、b）業務フローや職員配置、帳票・規定類の変更が必要になる可能性があることから、管理職のコミット（変更について判断を下す）も必要になります。

エ　首長・幹部職員のリーダーシップ

　本事業は、全庁体制になることから、**首長や幹部職員のコミット**

が不可欠になります。首長は庁内に方針を示し、対外的な説明による関係者の理解促進を図ることについて期待されます。また、推進本部には副市長等、関係する複数の部門に対して調整権限を持つ幹部が参加することが有効です。首長や推進本部の主な役割には、以下のものが挙げられます。

①事業方針の発表（特に業務の見直しについて）
②庁内部門間の緩衝事項について調整
③条例や規定類変更への決裁
④議会や住民、その他関係者への説明
⑤国やベンダーへの要望・意見表明

現在、このような体制が取られていない場合でも、作業が本格化する2024〜2025年度に向けて体制強化を図ることを推奨します。これらの年度においては、相応の予算が計上されることから、議会や住民等において関心が高まる可能性があり、適切な事業体制を確保したいところです。

（3）作業項目

作業は、移行手順書[25]に沿って進めます。本項では、移行手順書の作業内容について簡潔に整理したうえで、留意点を中心に解説します。

25　総務省「自治体情報システムの標準化・共通化に係る手順書【第3.0版】」（2023年9月）

ア　現行システムの調査：情報の整理（図表4-5内②、4-6内②）

　標準化対象となっている20個の事務について、その処理を担っている**業務システムの概要を調査**します。これにより、現行システムの導入形態（パッケージ／スクラッチ、クラウド利用等）やシステムの事業期間（次回更新年度）が把握できるため、この後の作業のパターンや作業項目を整理するのに役立ちます。

　　a）調査様式の作成（ベンダー名、製品名、事業期間等）
　　b）20個の事務についての業務システムの洗い出し
　　c）情報部門はシステム台帳の情報を整理
　　d）ユーザー部門は不足する情報を調査票に回答

　情報部門のシステム管理台帳や会計課の契約書等、情報が台帳に集約されている場合は、先に台帳から必要な情報を抽出し、残りの情報をユーザー部門に問い合わせれば、迅速に回答を収集することができます。

イ　現行システムの調査：ベンダーへの確認（図表4-5内②、4-6内②）

　標準化対応については、業務システムのソフトウエアを提供しているベンダーに主導権があります。まずは、現行の**ベンダーに標準化への対応についての方針や新契約や新システムについての可能性について情報収集**を行ってください。

　　a）ベンダーへ標準化対応方針（可否）の確認
　　b）契約変更（残余期間、変更後契約）について確認

c）現行システムのカスタマイズ状況確認（パッケージの改変）

d）新システムの方向性確認（ガバメントクラウド利用等）

　現行システムの状況（カスタマイズ度合い）を確認することにより、どの機能が自団体固有の部分かがわかりますが、それは標準準拠システムでは大きく影響を受ける可能性が高い部分といえます。

ウ　標準仕様との比較分析：業務フロー・帳票の差（図表４－５内③、４－６内③）

　標準仕様に業務を合わせる第一歩は、標準仕様書に掲載されている標準業務フローと現行業務の差を比較する（**業務フローのFit&Gap分析**）ことから始めます。

a）標準仕様書の入手（国Webサイトから最新版[26]を入手）

b）標準仕様書の業務フローと現行業務フローとの比較

c）標準仕様書の帳票と現行の帳票の比較

d）差分について業務を標準に合わせる方法を検討

　標準準拠システムの機能は標準業務フローに基づいて提供されているため、標準業務フローに業務を合わせる[27]ことにより、システム機能も標準準拠システムのものが使いやすくなります。

26　標準仕様書は短期間のうちに更新されることがあるので、最新版を入手することが重要である。デジタル庁ホームページ（政策＞地方公共団体の基幹業務システムの統一・標準化＞会議等 関連情報 開催状況）に各検討会へのリンクがある。＜https://www.digital.go.jp/policies/local_governments＞

27　標準仕様に機能を合わせることは義務だが、標準業務フローに業務を合わせることは義務ではない。ただし、標準仕様の機能は標準業務フローに基づいて作成されているため、標準業務フローに業務を近づけることにより標準仕様の機能が使いやすくなる。

エ　標準仕様との比較分析：機能の差（仕様書上の比較）（図表 4－5内③、4－6内③）

　機能の差については、ベンダーが標準準拠システムの評価版を提供していれば、システムを使った差分評価ができますが、まだ評価版が提供されない段階においては、仕様書間で比較する（**機能要件のFit&Gap分析**）ことにより機能の変化について業務への影響を評価することになります。

　a）標準仕様書の入手（国Webサイトから最新版[28]を入手）
　b）標準仕様書の機能要件と現行システム仕様書との比較
　c）差分の機能についてどの業務で使用しているか整理
　d）標準仕様にした場合の業務への影響を評価

　この作業は、仕様書間の機能の差分について整理する技術面から開始しますが、その後は業務への影響への対応について業務面での検討（BPR）が中心となります。

オ　移行計画の作成（図表4－5内④、4－6内④）

　各システムについて、移行方針の見通しが立ったところで、移行計画を作成します。移行計画には、**各システムの構成や移行後の設置環境、そして調達方法等を記載**します。また、経費の試算は、今後の予算確保や補助金活用に向けた作業になります。

---

[28] 標準仕様書は短期間のうちに更新されることがあるので、最新版を入手することが重要である。デジタル庁ホームページ（政策＞地方公共団体の基幹業務システムの統一・標準化＞会議等 関連情報 開催状況）に各検討会へのリンクがある。＜https://www.digital.go.jp/policies/local_governments＞

a) システムごとに移行方針（パターン）を設定
b) 移行後環境を設定（ガバメントクラウド、それ以外）
c) 調達方法を設定（契約更新、調達）
d) 経費の試算と補助金活用を検討

　この時点で、ガバメントクラウド利用か否か、共同利用方式か単独利用方式か、運用管理補助者をASPと同じにするか等、事業上の重要な要素が決定します。これに伴い、今後の調達プロセスや事務手続きが変わってきます。

　ただし、いずれの要素もベンダーの標準準拠システムに対する方針をベースとしなければ裏付けのないものになります。また、ベンダーが大手ベンダーからパッケージ供与を受ける導入事業者であったり、現在の実装環境が地域のデータセンターであったりする場合は、関係者を含めて確認（パッケージ供給元の意向、データセンターを共同利用している他の自治体等）を行うことが必要です。

カ　情報提供依頼（RFI）の実施（図表４−５内⑤〜⑦、４−６内⑤〜⑦）

　各システムのベンダーに対し**情報提供依頼（RFI）**を行います。ベンダー切替のあるパターンＡ（図表４−５）では、標準準拠システムを提供する可能性のある複数のベンダーに対して依頼しますが、ベンダー切替のないパターンＢ（図表４−６）では、現行ベンダーにのみ依頼します。RFIによる重要な確認点は以下の項目です。これにより、移行計画が裏付けのあるものとなります。

a) 実装インフラ（クラウド、通信環境等）の確認
b) 標準オプション機能の実装見込みの確認

　c）移行費用、運用費用の確認

　d）移行作業とスケジュールの確認

　移行手順書では、移行計画の作成（図表 4 － 5 、 4 － 6 内④）の次のステップとしてRFI（図表 4 － 5 、 4 － 6 内⑤〜⑦）が記載されていますが、実際は並行して作業が行われることが多いと考えられます。

　ベンダーの繁忙状態により、現行ベンダー以外のベンダーからの回答が困難になりつつあります。個別の団体によるRFIは、自治体とベンダー双方における作業量が増し、またクラウドサービスにおけるコミュニケーションにもそぐわないことから、ベンダーや国の担当部門に対し、Webでの集約的なRFIができないか意見具申をしているところです。

キ　調達・契約（図表 4 － 5 内⑩〜⑪、 4 － 6 内⑪）

　調達と契約は、**ベンダー切替の有無により異なります**。ベンダー切替のあるパターンA（図表 4 － 5 ）では、公募や一般競争入札を行い、標準準拠システムを提供する新たなベンダーを選定します。ベンダー切替のないパターンB（図表 4 － 6 ）では、随意契約や契約変更等により契約手続きを行いますが、特定ベンダーとの随意契約や既存契約の変更について説明のための理由を用意しておく必要があります。

　a）標準準拠システムの公募（切替時のみ）

　b）標準準拠システムの提案の評価（切替時のみ）

　c）標準準拠システムの契約

　d）随契理由・契約変更理由の作成（切替ない場合のみ）

実態としては、公募・一般競争入札を行っても、現行ベンダー以外に入札がない可能性もありますが、各団体の調達規定に照らし合わせて随契理由・契約変更理由の設定が困難である場合は、実施せざるを得ない場合も想定されます。また、一般競争入札の場合、総合評価方式になる可能性が高いと考えられますが、さまざまな提案の可能性について考慮しておく（標準仕様やスケジュールなど要件を満たす提案がない、一者入札の場合は相対評価が困難等）ことが有効かと考えます。

ク　システム設計〜運用テスト・研修（図表4−5内⑬〜⑮、4−6内⑬〜⑮）

ベンダーが選定された後は、**ガバメントクラウド環境の利用手続き**を行います。共同利用方式にてASPが運用管理補助者を兼ねるケースでは、ある程度ベンダーがガバメントクラウドの手続きを代行することも考えられます。ガバメントクラウドの手続きが終了すると、クラウドサービス利用のためのアカウント（権限）が付与されるため、ベンダーはそれを利用してクラウド上にシステムを構築します。

a) ガバメントクラウド及び接続回線利用手続き
b) ガバメントクラウド及び接続回線環境設定
c) 標準準拠システム利用設定
d) 疑似環境での操作研修、マニュアル等作成

実際は、自治体からの受託後に初期からのシステム設計を行うことはなく、あらかじめ開発されていた標準準拠システムのプログラ

ムをクラウド環境に搭載して、利用団体向けに設定を行うといった
作業になります。従来のシステム開発で見られた、ユーザー部門と
協議しながら機能の詳細や画面について確認していくという導入プ
ロセスは短縮される一方、ユーザー部門は疑似環境を使って操作研
修を行い、業務をシステムに合わせるための最終調整を行うことに
なります。

Ⅳ 従来のシステム選定との違い

（1）カスタマイズの禁止とFit&Gap

　システムが標準化されることによってシステム調達の考え方は大きく変わります。最も大きな変更点は、当然ながら、
・すべてのパッケージソフトウエアが標準準拠のものに変わる
・カスタマイズが原則禁止となる
の2点です。

　これまでのシステム調達、パッケージソフトウエア選定では、自団体における既存の業務プロセスや機能要望をベースに、最も適切と思われるパッケージソフトウエアを選定していました。さらに、そのパッケージソフトウエアでも完全には要求を満たせない点についてはカスタマイズ対応を検討していました。

　これからは、そもそも機能内容は標準化されてそろっているため、機能要望をベースにパッケージソフトウエアを選定するという行為に意味合いがなくなってきます。既存の業務プロセスがどうであれ、標準仕様どおりのパッケージソフトウエアしか存在しないのです。

　従来のFit&Gapとは、選定するパッケージソフトウエアが既存の業務プロセスや機能要望に合致しているかの確認であり、合致しない部分（つまりGap）についてはカスタマイズの可否を検討するものでした。もちろんBPRを前提にパッケージソフトウエアの選定や分析を行うこともありましたが、残念ながら限界があったでしょう。

　標準化後のシステム調達においては、Fit&Gapの意味合いが大きく変わってきます。選定するパッケージソフトウエアが既存の業

務プロセスや機能要望に合致しているかの確認である点は同様ですが、その結果の扱いが異なってきます。Gapがあった場合の選択肢は唯一で、**"ユーザー側がパッケージソフトウエアに合わせる"** のみとなります。

　いわば、"自治体側が合わせなければならない点を確認する作業"がFit&Gap作業となります。

　合わない部分が多いからといって他社製品を選定しても本質的に機能は同じです。使い勝手や性能など、事業者ごとの特性は残るので選定要素がまったくないわけではありません。しかし、機能や帳票といった面では変わりません。カスタマイズで対応することもできません。あくまでユーザー側が合わせるしかないのです。

（2）サービス利用への変革

　ガバメントクラウドとなることにも影響を受けます。選定されるパッケージソフトウエアがガバメントクラウドを用いて提供される場合、特にSaaSとしてサービス提供される場合には、導入方法や契約面が従来と異なる可能性があります。いわゆるオンプレミス環境におけるSIといった形態ではなく、**サービス利用形態**への移行が進みます。

　従来の自治体クラウドの取り組みなど、所有からサービス利用への変革は進んでいました。これがガバメントクラウドの利用が努力義務[29]となったことで、一層加速します。それも、単純に環境がクラウドに移動しただけ、結局クラウド上で従来のようなSI作業を行うシステム導入ではなく、ガバメントクラウドの共同利用方式に

29　標準化法第10条

よるSaaS形態を前提とした純粋なサービス利用へのシフトです。

（3）標準化による強制的なBPR

標準化に際しては十分なBPRの実施が理想です。基本方針にも
"デジタル3原則に基づく業務改革（BPR）"を目指す記述が随所
に見られます。

しかしながら、実際には標準化対応に手いっぱいで、デジタル化
を見据えたBPRにまでは手が回らない自治体が多いのではないで
しょうか。一方で、上述のとおり、自治体側がパッケージソフトウ
エアに合わせていくしかない状況にあっては、標準化に伴う、ある
種**強制的なBPR**が発生します。

パッケージソフトウエアの機能が標準化され、カスタマイズが原
則禁止の状況では、仮に従来の業務運用に必要な機能がなくなった
場合、カスタマイズによる機能強化というわけにはいきません。そ
の際に考えられる対応は、

①独自施策システムや標準化検証機能として機能追加する

②該当サービスを廃止する

③業務運用を改める（BPRする）

のいずれかです。

まず①の場合ですが、"なくなる機能"を復活させるための方策
となります。ただ、独自施策システムは文字どおり自治体独自の施
策実施に必要なシステムのことであり、不足する機能が標準化対象
事務実施のためのものだとすると、対象とすることは難しいでしょ
う。標準化検証機能は標準化対象事務に利用できるため、機能強化
の第一選択肢となり得ます。ただし、Chapter 2でも説明したと
おり、費用対効果などの公表が求められます。さらに、その"なく

なる機能"が「実装不可機能」として明示的に禁止されている場合は独自施策システムや標準化検証機能としても追加することは禁止されています。

　次に②の対応ですが、不足する機能を求めるサービス自体が廃止可能であれば、廃止する選択肢もあります。サービス低下の懸念もありますが、標準仕様に採用されなかった機能を前提とするサービスがデジタル３原則などの思想に照らして本当に必要なのか、実施すべきなのか検討する意味合いは大きいといえます。

　最後に③の対応です。つまり、業務のやり方を変えて、違う方法でサービス提供を継続する方法です。標準仕様にある機能範囲でやりくりするといってもよいでしょう。

　この②の場合も③の場合も既存業務についての十分な分析や、今後に対する詳細な検討が不可欠です。さらに、変更内容によっては条例改正が必要となる場合も考えられます。相当の準備期間が必要となるため、標準化に対するFit&Gap結果が整ってきたら早急に着手する必要があります。

（4）現実的な調達

　さまざまな点で従来と異なってくる標準化後のシステム調達ですが、2025年度末までの初期対応においては、従来の調達プロセスとは違い、各自治体は現在利用しているシステムを提供しているベンダーの標準化対応後のパッケージソフトウエアに乗り換える以外の選択肢が取りづらい状況にあります。

　主たる原因は、全国の自治体が一斉に標準化を行うことによるベンダー側のリソース不足です。各ベンダーは現状のユーザー対応で手いっぱいであり、新規の顧客対応は非常に厳しい状況です。さら

に、既存システムから標準化後のシステムへの移行、特にデータ移行を考えても、自社対応でなければ限界があります。自社の現行パッケージソフトウエアから標準化対応後のパッケージソフトウエアへのデータ移行ならば事前に詳細な手順を作成し、テストを行うことも可能です。しかし、詳細のわからない他社製品からの移行、あるいは他社製品への移行となると十分な準備が難しく、この限られた時間内での対応は極めて困難です。

　自治体側の事情もあります。上で説明したとおり、標準化に伴うBPRの必要性から早急なFit&Gapの実施が求められます。このFit&Gapですが、必要なのは、標準仕様と現行業務のFit&Gapではなく、今後導入予定の標準化対応後のパッケージソフトウエアと現行業務とのFit&Gapです。その理由は、標準仕様は機能の概要を定めるのみで、詳細な実装については事業者に委ねられていること、Chapter 2で説明した標準オプション機能やパッケージ経過措置があるため、標準準拠のパッケージソフトウエアであっても実際には機能差があることからです。

　つまり、できるだけ早く標準化対応後のパッケージソフトウエアの内容を確認し、それに基づいて現行業務や、なにより現在利用しているパッケージソフトウエアとのFit&Gapを実施する必要があります。

　これらの点からも、現状の事業者と自治体の間で早い段階から密なコミュニケーションを実施し、必要な対応を計画的に進める必要があります。結果、2025年度末までの初期対応における現実的な調達は、現在利用しているシステムを提供している事業者の標準化対応後のパッケージソフトウエアに乗り換える以外はないということとになります。

Ⅴ 特定個人情報保護評価

（1） 標準化対象事務システムにおけるPIA

　特定個人情報を扱うシステムに関しては、**特定個人情報保護評価（PIA）**が必要となります。今回の標準化対象事務に関するシステムにおいても従来のシステム構築とその点について違いはありません。

　PIAの実施は「行政手続における特定の個人を識別するための番号の利用等に関する法律（平成25年法律第27号）」（番号法）によると、

　第二十八条　行政機関の長等は、特定個人情報ファイル（専ら当該行政機関の長等の職員又は職員であった者の人事、給与又は福利厚生に関する事項を記録するものその他の個人情報保護委員会規則で定めるものを除く。以下この条において同じ。）を保有しようとするときは、当該特定個人情報ファイルを保有する前に、個人情報保護委員会規則で定めるところにより、次に掲げる事項を評価した結果を記載した書面（以下この条において「評価書」という。）を公示し、広く国民の意見を求めるものとする。

とあるとおり、「当該特定個人情報ファイルを保有する前」に実施しなければなりません。

　ここで問題になるのが、"今回の標準化対応によって新たに特定個人情報ファイルを持つようになるか？"という点です。

　今回はあくまで標準化対応であって、一般的にはすでに標準化前のシステムが導入されており、データベースを保有していて、現行システムベースのPIAが実施済みと考えてよいでしょう。

　では、標準化対応においてPIAは意識しなくて済むのでしょう

か。上述の番号法第28条は次のように続きます。

当該特定個人情報ファイルについて、個人情報保護委員会規則で定める重要な変更を加えようとするときも、同様とする。

　すなわち、今回の標準化で「**重要な変更**」が加えられるかがPIA実施の必要性を決めることとなります。なお、この「重要な変更」とは、「特定個人情報保護評価に関する規則（平成26年特定個人情報保護委員会規則第1号）」によると、

第十一条　法第二十八条第一項及び第二項の個人情報保護委員会規則で定める重要な変更は、本人として特定個人情報ファイルに記録される個人の範囲の変更その他特定個人情報の漏えいその他の事態の発生の危険性及び影響が大きい変更として指針で定めるものとする。

とされています。

　標準化で「特定個人情報ファイルに記録される個人の範囲」が変更されるとは考えづらいので、ポイントは「**特定個人情報の漏えいその他の事態の発生の危険性及び影響が大きい変更**」があるかどうかとなります。

（2）重要な変更

　上で説明したとおり、PIAの実施必要性を決めるのは「重要な変更」となるかどうかです。この点について、デジタル庁は「ガバメントクラウドにおける特定個人情報保護評価について[30]」（PIA資料）という資料を公開しています。タイトルのとおり、ガバメントクラウドを利用することによる影響を示す資料ですが、「重要な

変更」全体について理解するうえでも参考になります。

PIA資料によると、

> 　「重要な変更」とは、特定個人情報保護評価に関する規則（平成二十六年特定個人情報保護委員会規則第一号）（以下「規則」という。）第十一条に基づき、特定個人情報保護評価指針（平成二十六年特定個人情報保護委員会告示第四号）（以下「指針」という。）第6の2（2）において、当該指針の別表に定める重点項目評価書及び全項目評価書の以下の項目が変更されることをいうものとされています。
> 　基礎項目評価書については、「重要な変更」が規定されていないため、評価の再実施は不要です。

とあり、つまり、「基礎項目評価」しか行っていない場合は、そもそも不要であるとされています。

　重点項目評価以上の場合、「特定個人情報保護評価指針（平成26年特定個人情報保護委員会告示第4号）」の別表に示されている「重要な変更の対象である記載項目」は図表4－8のとおりです。

　標準化によってガラッと業務が変わるわけではありません。全項目評価の項目で見てみても、標準化を機にBPRを実施して使用部署等が変わる、業務委託を実施するならばともかく、単純に標準化するだけなら1～16に変更はないでしょう。

　一方で、17と18については「ガバメントクラウド」を利用することによって、一定の影響を受けると考えるべきです。

　もちろん、単純に標準化を行うだけではなく、まったく新たなシステムに入れ替える場合や、BPRを実施して事務手順を変更する

30　デジタル庁「ガバメントクラウドにおける特定個人情報保護評価について」（2022年10月）
　　＜https://www.digital.go.jp/assets/contents/node/basic_page/field_ref_resources/c58162cb-92e5-4a43-9ad5-095b7c45100c/6a899eaf/20221021_news_local_governments_outline_05.pdf＞

場合には改めてのPIAが必要となります。総務省の移行手順書[31]
には以下の記載があります。

> なお、番号法第28条において、特定個人情報ファイルを取り扱う事務
> について、重要な変更が発生する場合には、重要な変更を加える前に特定
> 個人情報保護評価を再実施することとされている。このため、既に当該事
> 務について評価を実施していたとしても、現行システムから標準準拠シス
> テムへの移行作業を行う際に、システムを全面的に入れ替える場合や事務
> 手続を大幅に変更する場合は、評価実施機関が実施する事務又はシステム
> 全体に複雑な影響を及ぼしかねないことから、評価の再実施が必要である
> ため留意されたい。

　PIA実施には相応の時間が必要です。事前にPIAの必要性につ
いては十分に吟味を行い、余裕を持って対応する必要があります。

31　総務省「自治体情報システムの標準化・共通化に係る手順書【第3.0版】」(2023
　　年9月)

図表4－8　重要な変更の対象である記載項目

別表（第6の2（2）関係）

特定個人情報保護評価書の名称	重要な変更の対象である記載項目
1　重点項目評価書	1　個人番号の利用 2　情報提供ネットワークシステムによる情報連携 3　特定個人情報ファイルの種類 4　特定個人情報ファイルの対象となる本人の範囲 5　特定個人情報ファイルに記録される主な項目 6　特定個人情報の入手元 7　特定個人情報の使用目的 8　特定個人情報ファイルの取扱いの委託の有無 9　特定個人情報ファイルの取扱いの再委託の有無 10　特定個人情報の保管場所 11　リスク対策（重大事故の発生を除く。）
2　全項目評価書	1　特定個人情報ファイルを取り扱う事務の内容 2　個人番号の利用 3　情報提供ネットワークシステムによる情報連携 4　特定個人情報ファイルの種類 5　特定個人情報ファイルの対象となる本人の範囲 6　特定個人情報ファイルに記録される主な項目 7　特定個人情報の入手元 8　特定個人情報の使用目的 9　特定個人情報の使用部署 10　特定個人情報の使用方法 11　特定個人情報の突合 12　特定個人情報の統計分析 13　特定個人情報の使用による個人の権利利益に影響を与え得る決定 14　特定個人情報ファイルの取扱いの委託の有無 15　取扱いを委託する特定個人情報ファイルの対象となる本人の範囲 16　特定個人情報ファイルの取扱いの再委託の有無 17　特定個人情報の保管場所 18　特定個人情報ファイルの取扱いプロセスにおけるリスク対策（重大事故の発生を除く。） 19　その他のリスク対策

出典：特定個人情報保護評価指針（平成26年特定個人情報保護委員会告示第4号）

（3）ガバメントクラウドの対応

　ここまでの説明のとおり、ガバメントクラウドへ移行することによって再度PIAが必要となるのは、単純な標準化対応の場合、重点項目評価以上を実施している自治体かつ、「重要な変更」が生じ

る場合です。

　そして、「重要な変更」が生じる可能性のある項目は、全項目評価ベースでは、

| 17　特定個人情報の保管場所 |
| 18　特定個人情報ファイルの取扱いプロセスにおけるリスク対策 |
| 19　その他のリスク対策 |

となります。この点についてはPIA資料にも解説されており、ガバメントクラウドの場合の記載例が示されています。

　しかしながら、単に"ガバメントクラウドへ移行する"といっても、単独利用モデルなのか共同利用モデルなのかによっても構成は大きく異なります。また、事業者が提供するシステムがマルチテナントなのかシングルテナントなのか、各テナントやサーバー間の分離はどのようになっているのか、リスク対策のデザインはどうなっているのか、それらも事業者ごとに異なっているでしょう。

　ガバメントクラウド利用に関しては、本書執筆段階ではまだ過渡期にあって確定的にこうなると示す材料がそろっていません。今後、技術的な情報が確定していくにつれてPIAの実施ポイントも徐々に明確になっていくでしょう。

Ⅵ 適合性の確認

（1）適合性確認とは

　標準仕様への準拠に関しては"**適合性確認**"というプロセスが必要となります。そもそも標準化法上は、

> 第八条　地方公共団体情報システムは、標準化基準に適合するものでなければならない。

と書かれています。正確には標準仕様ではなく"標準化基準"であり、準拠ではなく"適合"です。ただ、"標準仕様に準拠する"という表現もよく使われます。どちらにしろ、基準を満たしたシステムであることを明示的に確認するプロセスが必要だということです。

　ではこの"適合"であることの確認は誰が、いつ行うのでしょうか。Chapter 2でも説明しましたが、「基本方針」には、

> ○機能標準化基準の適合性の確認については、標準準拠システムを利用する地方公共団体が一義的に責任を有している。

と書かれており、自治体が実施しなければならないとされています。標準化法上も、

> 第九条　国は、地方公共団体情報システムが標準化基準に適合しているかどうかの確認を地方公共団体が円滑に実施できるようにするために必要な措置を講ずるものとする。

と、自治体の義務であるとは直接は書かれていませんが、自治体が適合性確認を行う前提の文面となっています。

さらに、その時期については「基本方針」に、

> 地方公共団体は、標準準拠システムを利用する前に、それらの機能が実装されていること及びそれらの機能以外が実装されていないことを確認する必要がある。

とされています。標準化法の定めは、標準化基準に適合したシステムしか利用してはならないという趣旨ですので、「利用」までに確認できていればよいことになります。

とはいえ、自治体がシステムを評価し、標準化基準に適合していることを十分に把握することは困難です。また、利用段階で不適合であることがわかっても現場で対応できるものでもありません。

（2）具体的方法

具体的に自治体はいつ、どのようにして適合性確認を実施すればよいのでしょうか。「基本方針」には機能IDをマニュアルに記載するなど、自治体が円滑に適合性確認を実施できるよう、事業者への対応を求めています。しかし、利用段階でマニュアルを用いて適合性を確認してもすでに手遅れであることは明らかです。

総務省の移行手順書では、

> まず、RFP時においては、「各仕様書に記載されている実装必須機能が全て実装されているか」、「実装不可機能が実装されていないか」を各ベンダに回答してもらうなどにより、ベンダが提案する標準準拠システムが標準仕様に適合する方針であるか否かを自治体で確認できるよう、対応を求めることが重要である。

とあり、RFP段階で情報を得るべきとされています。また、

> 　なお、各機能・帳票毎に適合していることを示したマニュアル等をベンダに提示するよう求めることが望ましい

とあって、この段階でマニュアルなどを入手すべきとしています。

　とはいえ、契約前の段階でマニュアルを提供してもらえるかは未定です。さらには、2025年度末までの初期導入に関しては、事業者の開発がギリギリまでかかり、RFP段階ではまだマニュアルがそもそも完成していない場合も想定されます。

　最低でも、**RFP段階で適合する方針であることの確認と対応スケジュールを確認し、システムの受け入れ検修段階で適合性の確認を行う必要**があるでしょう。

　その際、必要な機能がそろっていることは、機能IDがマニュアルなどに記載されていれば、一定の確認は可能です。しかし、余分な機能が入っていないことの確認は相当に困難です。「実装不可機能」として明示されているものはまだ確認しやすいのですが、Chapter 2でも説明したとおり「ホワイトリスト方式」ゆえ、明示的に禁止されていなくても標準仕様に記載のない機能が含まれていれば不適合です。余分な機能がないことの確認は、自治体だけの作業ではかなり難しいといえるでしょう。

　いずれにしても適合性の確認、特に2025年度末までの初期導入における適合性確認については事業者からの積極的な情報提供とサポートが欠かせないといえます。

（3）データ要件・連携要件における適合確認試験

　ここまでで説明してきたとおり、適合性確認は自治体の責任で実施しなければなりません。ただし、標準仕様のなかで、「データ要件・連携要件」部分だけは事情が少し異なります。

　「データ要件・連携要件」についてはデジタル庁が「**適合性確認試験**」を実施することとなっています。「適合性確認試験」とは、事業者が開発した標準化対象事務に対するシステム（パッケージ）がデータ要件・連携要件を満たしているかをデジタル庁が試験し、確認するというものです。

　基本的な考え方として、事業者は自治体にシステムを納入するまえにデジタル庁による適合性確認試験を受けます。そして、その結果はデジタル庁のWebサイトに公開されることとなっています。自治体はこのWebサイトに公開された試験結果を確認することで、「データ要件・連携要件」については適合性確認を実施したとみなされます。

　もちろん、この「適合性確認試験」で確認されているのはあくまで「データ要件・連携要件」部分だけなので、これをもって完全に標準化基準に適合であると確認されるわけではありません。

Chapter 5

ベンダーのビジネス変化

Ⅰ　ビジネスモデルの転換

（1）標準化、カスタマイズ禁止前提のシステム導入

　自治体システム標準化は、当然ながら、システム導入を行ってきた事業者のビジネスモデルにも大きな変革をもたらします。言い換えるなら、ビジネスモデルの変革なしに標準化を前提としたこれからのシステム環境で事業を続けることは難しいといえるでしょう。以下、システムを構築する事業者の視点で、標準化やカスタマイズ禁止の意味を考えてみましょう。

　まず、標準化されることの意味は、一言で言えば、**要求仕様がなくなる**ということです。これまで、自治体の要求仕様があってシステムは構築されていました。あるいは、パッケージソフトウエア前提であっても、パッケージソフトウエアの機能をベースに要求仕様を確認し（いわゆるFit&Gap分析を行い）、システムのありようを定めていました。

　標準仕様が作成され、それに適合したシステムしか許されなくなったことで、少なくとも機能・帳票要件に関しては、自治体が要求仕様を設定する意味がなくなりました。標準仕様に従うことがすべてです。事業者としても、自治体の要求仕様を確認するという手順がなくなっていきます。

　次に、カスタマイズ禁止であることの意味は、適用という作業がなくなるということです。従来であれば、たとえパッケージソフトウエアベースであっても、Fit&Gap分析で得られたGap部分に対応する"適用作業"がありました。この中核をなすものがカスタマイズでした。標準化により、この部分がなくなります。もちろん、

データセットアップやパラメータ設定のような“導入作業”は残ります。逆に言えば、これからのシステム構築はそれら導入作業に集約されていきます。もちろん、次に説明するとおり、ガバメントクラウド前提の実装ではいわゆるシステムセットアップ作業も大きく手順は削減されていきます。

　この状況はすなわち、“自治体の要求仕様を確定し、それに応じた適用作業を行う”という行為に対する対価が得られなくなることを意味します。これらの対価を収益の中心として設計されていたビジネスモデルは維持困難となります。

（2）ガバメントクラウド対応

　システムの前提がガバメントクラウドとなることもビジネスモデルに大きな影響を与えます。ガバメントクラウドへのシフトによって、システムの構造、性能やセキュリティに関する考え方、必要となるスキルなど大きな変革が生まれます。加えて、ビジネスモデルという視点でも、これまでになかった環境変化が起きるのです。

　ビジネスモデルの視点で、ガバメントクラウドが与える影響の重要ポイントは、**全国サービス**前提となることと、**インフラに関する責任分解点**が変わること、**システム導入維持に関する作業負荷**が変わることです。

　まず、ガバメントクラウド利用によって、自治体向けシステムをSaaSで提供する方式が“全国サービス”へとシフトします。これまでも基幹系業務システムをSaaSで提供することはありました。しかし多くの事例は、地域のデータセンター活用であったり、そもそも自治体ごとの適用作業があったりと、さまざまな理由から“地域向けサービス”として展開されるものでした。SaaSは全国向け、

それどころか全世界向けに展開されるのが普通です。特定の地域・エリアに限定したサービス展開は特殊なモデルだったといえるでしょう。これが、ガバメントクラウドで、しかもカスタマイズ禁止となることで、順次、全国向けサービスへとシフトします。パッケージソフトウエア開発本体と地方の適用チームとの役割分担もおのずと変化していくこととなります。

　次に、ガバメントクラウドは国が整備し展開することから、従来にない責任分解点が設定されます。ガバメントクラウドに関する契約関係や責任分解点については「地方公共団体情報システムのガバメントクラウドの利用に関する基準【第1.0版】」に詳しく説明されています。

　従来のシステムでは、責任の所在が自治体かシステム運用を行う事業者のいずれかでした。SaaSで提供される場合でも、利用者たる自治体か、サービス提供者たる事業者のどちらか、あるいは双方が責任を持ちます。

　ガバメントクラウドでは、「ガバメントクラウド管理領域」や「ガ

図表５−１　クラウドサービス等のイメージ

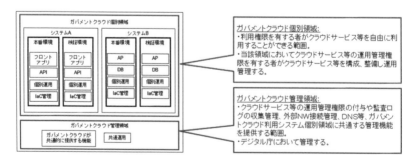

出典：デジタル庁「地方公共団体情報システムのガバメントクラウドの利用に関する基準【第1.0版】」
（2022年10月）

バメントクラウド接続サービス」など、デジタル庁が一定の責任を
持つ領域が定義されています。自治体のシステム運用に対して国
（デジタル庁）がなんらかの責任を負うというモデルは画期的なこ
とといえます。

　最後に、システム導入維持に関する作業負荷が変わります。ガバ
メントクラウドを活用したSaaSでは旧来のようなハードウエアの
セットアップから始まるシステム導入や維持作業はありません。た
だ、この点はパブリッククラウドを利用した場合と同様であり、ガ
バメントクラウド特有の事情ではありません。

　ガバメントクラウドにおいては、デジタル庁より情報セキュリ
ティに関する最低限の設定等がされた「テンプレート」が提供され
ること、「ガバメントクラウド運用管理補助者」という役割定義が
あり、自治体に割り当てられたガバメントクラウドの領域（ガバメ
ントクラウド個別領域）の管理権限を持つことなどが通常のパブ
リッククラウドと異なっています。

　このような違いから、ガバメントクラウドにおけるシステム導入
維持の作業分担や作業負荷は、原則すべての設定作業を事業者が行
うパブリッククラウドにおける導入維持とは異なってきます。この
状況はシステム導入維持サービスに関する費用モデル、事業モデル
にも影響を与える可能性があります。

　全国向けサービスとしてシステムを展開し、さらにその運用責任
の一部を国（デジタル庁）が受け持つというビジネスモデルは今ま
でありませんでした。本書執筆段階ではガバメントクラウドの検討
はまだ過渡期であり、自治体も事業者もしばらくは手探りの面があ
るでしょう。しかし、事業者がこの新しい事業環境、ビジネスモデ
ルにいち早く適用していかなければならないことは間違いありませ
ん。

（3）自治体DXに向けて

　"自治体の要求仕様を確定し、それに応じた適用作業を行う"という行為に対する対価が得られなくなると説明しました。では、今回の標準化を機に事業者視点でビジネス環境は縮小するのでしょうか。

　基幹系システムに限定した場合、"縮小する"と考えるべきでしょう。そもそも基本方針に「情報システムの運用経費等については、平成30年度（2018年度）比で少なくとも３割の削減を目指す」とあるとおりで、ごく単純にいってしまえば**30％事業規模が縮小**します。

　では、代わりに広がる部分はないのでしょうか。今回の標準化の目的を考えれば、いわゆる**自治体DXに関連するビジネスへとシフト**しなければならないことは明白です。基幹系システムが標準化されガバメントクラウドに実装されることを前提とした自治体DXのありようを検討する必要があります。

　一般的に自治体DX関連のシステムは基幹系システムの外縁におかれます。たとえば、基幹系システムの表側、住民との間のフロントエンドです。SNSを活用した住民接点の拡充やスマートフォンベースの手続き、書かない窓口を活用した窓口DXなどがそれにあたります。あるいは、基幹系システムの裏側、データ分析や、基幹系システム間や他システムとの連携・協働部分を担うバックエンドです。これから発展が期待される公共サービスメッシュの検討などがそれにあたります。

　今まで、基幹系システムの機能や実装が多様であったため、外縁システムをその多様性に適応せざるを得ませんでした。標準化、ガバメントクラウド実装によって、多様性は一定水準まで画一化され

ます。これは外縁システムにとって大きなメリットです。

　今後いかにして画期的な外縁システムを提供できるか、自治体や地域のDX観点で外縁システムの活用や応用をどれだけ提案できるかが事業者にとって必要な能力となるでしょう。

　基幹系システムは、標準化によってコモディティ化が加速します。そこに明白な差別化要素を見いだすことは難しいでしょう。しかし、この変化をピンチではなくチャンスととらえ、整理された基幹系システムを前提とした自治体・地域DXビジネスへのシフトこそが、今求められる方向性だといえます。

Ⅱ システム環境の維持

（1）システム維持と標準化の関係

　自治体システム標準化の効果が発揮されるのは、標準化されたシステムの維持、特に**法改正などの制度改変への対応**においてです。これからは、制度改正対応に関する考え方が大きく変化します。作業手順も大幅に見直され、効率的かつ合理的なシステム維持が可能となります。

　自治体システムにとって、法制度の改変に伴うシステムの改修は避けられません。これまでは、新たな法律が施行されるたび、自治体ごとにシステム改修がなされていました。結果、制度改正は全国規模の多大な改修工数を伴い、多額の補助金が必要となり、給付金などの制度においては、本来給付に回したい貴重な予算をシステム改修に向けなければなりませんでした。また、制度の施行時期についても、システム改修に必要な期間を考慮する必要がありました。迅速な施行を優先すれば、システム改修が間に合わず過剰な負担を現場にかけることとなってしまいます。

（2）これまであった法改正に伴う困難

　法改正に伴うシステム改修を複雑にしている原因は、主に、
①法律の公布後、必要なシステム改修内容を分析する必要がある
②必要なシステム改修が自治体ごとに異なっている
③システム改修を自治体ごとに実施しなければならない
の3点です。

　さらに、これらの事情から、

④制度改正に伴い、全国でどの程度の期間、どの程度の費用が必要
　なシステム改修が行われるか、事前の分析が困難

という状況が生まれます。

　上記の②、③の課題は、業務システムが標準化され、さらにガバメ
ントクラウドからの全国サービスとなることでかなり解消されます。

　まず、②について、自治体業務システムが標準化されても、その
作りはパッケージソフトウエアごとに異なります。とはいえ、カス
タマイズ禁止なので、バリエーションはパッケージソフトウエアの
種類程度にほぼ収まります。自治体ごとにさまざまなカスタマイズ
がなされている現状よりはるかに対応方法は集約されます。

　次に③について、ガバメントクラウドに集約されることで、物理
的に修正を行う対象が集約されます。自治体ごとに改修して回る状
況からすれば圧倒的に効率化されます。

　これら、②、③に対する効果だけでも大きな成果ですが、さらに
重要なのは①、④に関わる部分です。

（3）法改正の新しい流れ

　これまで、新たな法律が公布されるたびにシステム改修内容の分
析が必要であった理由は、パッケージソフトウエアごとに仕様内容
が異なっていたからです。これからは標準仕様に基づいて機能仕様
などの要素が統一されます。結果、法改正に伴うシステム改修の流
れは、

　　【法改正　→　　仕様分析　　　→　システム改修】
から、

　　【法改正　→　　標準仕様改定　　→　システム改修】

へと変わります。

　法律が変われば、当然に、標準仕様もあわせて改定されます。ですから事業者は、極論、法改正内容について分析しなくても、標準仕様の改定に合わせて機械的にシステム改修を行えばよいこととなります。

　また、その実施時期についても、従来は法律への対応であったことから、事業者が分析を開始できるのは正式に法律が公布されてからでした。この対応だと、どうしても法施行までの短い期間での対応に苦労することとなります。

　自治体システム標準化によってその事情が大きく変わります。標準仕様の改定は法の公布をまたず、法案段階から実施されることとなっているからです。

　デジタル庁による「地方公共団体の基幹業務システムの統一・標準化のために検討すべき点について（令和4年10月）」に標準仕様改定のスケジュールイメージがこのように示されています（図表5－2）。

　見てのとおり、**標準仕様の改定検討は法律の改正検討と並行**して実施されます。国会での成立段階では、すでに事業者への意見紹介も可能となっています。仕様案を作成する各検討会の準構成員などに事業者が就任していることからして、もっと早い段階での仕様案共有も十分期待できるでしょう。

　これは、制度所管省庁が標準仕様の維持も所管しているからこそできる流れです。法改正案と同時並行に仕様改定案が議論できれば、事業者側の対応はずっと早く、効率的に実施することができます。

　さらに、法改正検討と標準仕様改定検討が同時に進むことは、法改正に伴うシステムへの影響を常に確認しながら物事が進められることを意味します。法律上の変更がわずかであっても、標準仕様の

図表5－2　標準仕様改定のスケジュールイメージ

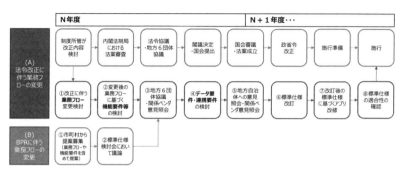

出典：デジタル庁「地方公共団体の基幹業務システムの統一・標準化のために検討すべき点について」
（2022年10月）

改定箇所が多岐に及べば、システムへの影響の大きい改定であることがわかります。法の公布から施行までに必要な対応期間などを合理的に判断することができます。

　法律とシステム仕様の一体的な整理がもたらす恩恵は極めて大きいといえます。

（4）求められる運用モデル

　法改正と標準仕様改定が同時並行に進むという状況は、事業者に求められるシステム維持運用にも大きな影響を与えます。常に法律と標準仕様が一体的に変更される状況に見合ったシステムの維持管理手順が求められます。

　標準仕様の改定において重要なポイントは「機能ID」です。標準仕様における機能要件で定められた個々の機能には、すべて個別の機能IDが付けられています。そして、**機能IDをもとに変更管理**することで効率的、機械的にシステム改修が可能となるように工夫

されています。

　機能IDは、それが指し示す機能内容が変わらない限り不変です。機能IDだけを見れば標準仕様のバージョンがなんであれ、一意に機能内容が定まるように設計されています。つまり、標準仕様のバージョンが進んでも機能IDが変更されていない機能については内容に変化がないことが保証されます。

　逆に、機能内容に変更があれば必ず機能IDも変更されることとなっています。機能が廃止になれば、当然に機能IDも廃番になります。追加になれば新たな機能IDが付番されます。機能内容が変更になる場合は、旧機能IDを廃番とし、あらたな機能IDをつけます。機能IDが変わらなければ機能内容も変わらないルールを徹底するためです。

　結果、標準仕様の改定によるシステムへの影響は変更された機能IDを確認することで実施可能となります。追加、削除された機能IDをみれば仕様改定の規模がわかるわけです。

　仕様改定によるソースコードやプログラムモジュールなどへのインパクト分析を機械的に実施可能とするためには、ソースコードなどと機能IDの関連づけを管理することが効果的です。各機能IDの実現に関与しているソースコードやモジュールはどれか、機能IDとソースコードのクロスリファレンスがあれば、機能IDの変更に伴い、改変必要なソースコードを機械的に抽出することができます。

　制度所管省庁と事業者の協力関係が密になれば、法改正とそれに伴う標準仕様の改定、機能IDの変化、そして事業者のソースコードへのインパクトを常に確認しながら作業を進めることも可能となるでしょう。法改正に伴うシステム改修規模、必要な期間やコストを十分に把握しながら制度検討が行える未来が近づきます。

　このように、自治体業務標準化に伴うメリットを存分に発揮させるためには事業者の理解、協力が不可欠です。新しい方式によるシステム環境維持の実現に向けて、できるだけ多くの方に標準化の意義を理解いただき、協力いただきたいと切に願います。

Ⅲ 周辺ビジネスの変化

（1）システムベンダーのビジネス環境

　自治体システムに係る**コアなビジネス領域**として、主に以下の分類（①〜④）があります。SIと呼ばれる総合ベンダーは、下記①〜③を包括的に受注することが多く、そのビジネスは、前項で議論したような大きな変革を迫られることになります。また、ハード・ソフト分割発注時に②を担当するリース会社や、③のデータセンターを提供する地域の電算センターも、該当するサービスがガバメントクラウド（グローバルなクラウドサービス事業者）へシフトすることにより、自治体からの受注が減少するなどビジネスに影響が出る可能性があります。

　一方、④の外部通信に関しては、通信事業者が担当するものの、ガバメントクラウド以外にも他のクラウドサービスの利用が拡大（オンライン申請、Web会議、持出PCへのSIMカード、SNSでの情報発信等）することが見込まれることから、引き続き重要が伸びる可能性があります。

　①ソフトウエア（パッケージシステム、スクラッチ開発）
　②ハードウエア（サーバー、PC、印刷機、キオスク端末）
　③インフラ（庁内ネットワーク、電算機室、データセンター）
　④外部通信（回線、ISP）

（2）周辺サービスのビジネス環境

　自治体のシステムに係る**周辺ビジネス領域**として、主に以下の分類（⑤～⑧）があります。⑤の印刷は、特にシステムとの関係が深く、納税通知書や公共料金請求、選挙の入場券等、大量の帳票を短期間で印刷しなければならないことから、自治体の電算機室内に大型高速プリンターが設置されているケースもありました。また、外注する場合も迅速処理が求められることから、地域の印刷会社が選ばれる傾向にありました。この分野は、システム標準化とクラウド利用により影響を受ける可能性があると考えられます。

　⑤印刷（内部帳票、外部帳票）・封入・郵送
　⑥出納（収納、振込）
　⑦データ処理（書類確認、キーパンチ、データ分析）
　⑧IT汎用品（カード、カードリーダー、外部記憶媒体）

　⑥出納に係るビジネスもシステムとの関係が深くなってきました。職員給与や給付金等の振り込みは、規定のフォーマットでの振込データを指定金融機関あてに専用線で送信するのが伝統的な業務でした。また、税や各種料金の納付も口座引き落としや口座振り込みが多かったことから、従来は地域の金融機関が手数料ビジネス[1]として請け負っていました。ところが、近年は支払方法の多様化（クレジットカード、電子マネー、QRコード）、ポイントによる給付（マイナポイント、地域ポイント）等の新たな手法が拡大するなど

---

[1]　過去には指定金融機関が（顧客獲得や取扱高のメリットがあることから）手数料を免除したり低く抑えたりすることもあったが、近年は手数料増加の傾向が見られる。

変化し、決済代行事業者や金融系Webサービス事業者が参入するようになりました。今後もこのトレンドは拡大する可能性があります。

　⑦データ処理に係るビジネスは、a）デジタル化とb）専門領域に分かれます。a）デジタル化ビジネスとは、臨時給付金やマイナンバーカード交付等、一時的に大量のアナログ業務（申請書類の点検、システムへのキーパンチ、利用者への案内等）が発生した際に、職員に成り代わり業務を行うマンパワーを提供するものです。提供者は主に人材派遣会社になります。現在のようなデジタル化過渡期（オンライン申請ができない人が相当数いるため、アナログ・デジタル変換を行う業務が発生する）では一時的に増加しますが、中長期的には市場が減少する可能性があります。

　一方、b）専門領域としては、国民健康保険のレセプト分析（支出の適正化が目的）や公共インフラの老朽化分析（延命化や優先対処判断が目的）のように専門の事業者が大規模なデータを分析するビジネスが近年増加しています。大規模なデータ分析から事業収支に影響があるような効果を上げることは、以前から期待されてきましたが、大規模データを持つ住民情報系システムが隔離された環境にあることや、個人情報保護の観点から取り組みが進んでいない状況にありました。ガバメントクラウド移行後は、そのような分析サービスがオンラインで利用できる可能性もあり、市場拡大に期待が高まります。

　⑧IT汎用品については、増減両方の可能性が混在しています。外部記憶媒体は、庁内・外でのデータ受け渡し（LGWAN-ASPのeLTAXからダウンロードしたデータを税務システムに入れる等）に使用されていましたが、今後はオンラインでのセキュアな流通が進展する可能性があります。

　自治体専用カード（図書館カード、施設利用者カード、印鑑登録カード）は、中期的にはマイナンバーカードへの集約やスマートフォンのアプリ化が進展すると考えられることから、需要は減少する可能性があります。一方、カードリーダーは、現在の配備数が少ないことから、将来的に需要（マイナンバーカード、その他カード、スマートフォン等の読み取り）が増加する可能性があります。

（3）印刷ビジネスへの影響

　標準仕様による、印刷ビジネスへの「直接的」な影響としては、a）帳票書式とb）文字があります。従来の書式は、各自治体固有のものだったのが、標準仕様により対外的な書式（住民等庁外に発送するもの）が全国共通化されます。標準書式は、各標準仕様書に掲載されているので印刷事業者は取り扱いについて自治体に確認するようにしてください。また、文字については、従来はベンダー固有の文字を利用するケースがほとんどであったと思われます。今後は、標準仕様により、「行政事務標準文字（MJ＋）²」（Chapter 2参照）に共通化されるので、ベンダーや自治体が従来の文字や外字についてMJ＋に引き当てる同定作業をしています。印刷事業者は、自治体やベンダーに状況について確認のうえ、書式への印字テスト等を行う必要があります。

　標準仕様による、印刷ビジネスへの「間接的」な影響としては、a）データ受け渡し方法、b）データ形式、c）封入・封かん等、周辺業務について可能性があります。データの受け渡し方法について

2　情報処理推進機構（IPA）が作成した「MJ明朝」という約6万字のフォントに1万字弱を加え、約7万字にした文字セット。標準準拠システムにおいて「氏名等」に利用する。

は、従来のオンプレミス環境ではサーバーが手元にあるため、外部記憶媒体などを使って物理的に搬送するケースも多かったと思います。今後は、システムがオンライン環境に移行するため、受け渡し方法について自治体と確認が必要です。

　データ形式についても、オンライン環境の影響を受ける可能性があります。従来は、イメージ（PDF等）でのデータ排出が多かったのですが、オンライン環境では通信速度によりデータ量を抑制したい希望も出てくるかと思います。その場合は、書式情報とコンテンツ情報（標準化によって印刷データがCSVになった）に分けて印刷する可能性もあります（先に印刷しておいた書式にコンテンツを重ねる）。

　書式のサイズが変わったり、オンラインでデータの受け渡しがされたりするようになると、印刷周辺の業務における役割分担も変わる可能性があります。たとえば、従来、「書式印刷、コンテンツ印刷、封入・封かん、引き抜き、郵送」を、役所と複数の事業者が分担して個別に処理していたものが、ひとつの事業者に包括的に発注する事例も登場しています[3]。書式が全国共通化され、オンラインで印刷データの受け渡しがされるようになると、全国的なビジネスの転換が起こる可能性があります。一方で、オンライン申請の進展や庁内での紙帳票排出の抑制[4]から紙への印刷そのものが減少する傾向にあるので留意が必要です。標準化後の環境でのBPO（ビジネス・プロセス・アウトソーシング）の可能性については、Chapter 6で考察します。

3　2020年1月、群馬県前橋市と伊勢崎市は帳票の標準化を行い、印刷BPO事業を開始。
4　基本方針に「職員向けの帳票・様式については、紙への出力を前提とするのではなく、EUC機能等を利用して画面で確認する等のデジタル化を原則とし、真に必要なものに限定して、標準を定める」と記載されている。

図表 5 － 3　印刷ビジネス変化の可能性

従　来	変化する環境	将来イメージ
小ロット	① 標準仕様書による書式の統一 ② 自治体システムのクラウド環境への移行 ③ 大規模団体（汎用機＋プリンター）の事業環境変化	**大規模**
・個々の自治体から小規模な受注 ・圧着はがき、窓あき封書等さまざまな体裁		・書式が標準化される ・全国から請け負う
アナログ作業		**デジタル作業**
・外部記憶媒体でデータ持ち込み ・印刷物の納品		・オンラインでデータ授受 ・さまざまなデータ関連業務
業務上の制約が多く 付加価値が低い		**業務が効率化でき 付加価値も高い**
・自治体ごとの異なる仕様 ・業務の広がりがない（価格競争に）		・デジタルで処理 ・印刷以外の関連業務

出典：著者作成

Chapter 6

デジタル行政の将来像

I トータルデザインと公共サービスメッシュ

（1）トータルデザインの検討

　トータルデザインの構想は、2020年6月に設置された、マイナンバーWG[1]において構成員より提言されたもので、同年12月の「デジタル・ガバメント実行計画[2]」に自治体システムの標準化とガバメントクラウドが政府方針として明記されます。翌2021年6月の重点計画[3]にて、「デジタル社会の形成に向けたトータルデザインについては、デジタル庁において、令和3年内を目途として更に具体化する」と明記され、マイナンバーWG下に設置された「トータルデザイン実現に向けた自治体タスクフォース」にて検討がされました。2021年12月の重点計画[4]では、「スマートフォンで60秒で手続が完結」等[5]の目指すべき姿が掲げられたほか、マイナンバー法改正等の法令の整備についても明記されています。そして、2023年の重点計画[6]において、「ガバメントクラウドなど共通機能のコンポーネント化」や「公共サービスメッシュの情報連携イメージ」等、より具体的なシステム構造や情報連携のイメージが提示されるとともに、同日にマイナンバー法[7]が改正されました。今後、2023年度後半には国システムの本格的なガバメントクラウド移行

1　マイナンバー制度及び国と地方のデジタル基盤抜本改善ワーキンググループ
2　「デジタル・ガバメント実行計画」（2020年12月25日閣議決定）
3　「デジタル社会の実現に向けた重点計画」（2021年6月18日閣議決定）
4　「デジタル社会の実現に向けた重点計画」（2021年12月24日閣議決定）
5　「スマートフォンで60秒で手続が完結」、「7日間で行政サービスを立ち上げられる」、「民間並みのコスト」
6　「デジタル社会の実現に向けた重点計画」（2023年6月9日閣議決定）

が始まり、それを追うように自治体システムの移行が2025年度末を目標として進みます。今後、2025年度以降のデジタル行政サービスについて検討が本格化する見通しです。

（2）トータルデザイン

トータルデザインとは、次のステージの行政サービスを目指すためのシステムアーキテクチャーであり、これまで府省庁や自治体等の団体ごとに細分化されていたシステムを全体最適化された構造に転換させる考え方です。目指すべき姿として、**スマートフォンで60秒で手続が完結**、「**7日間で行政サービスを立ち上げられる**」、「**民間並みのコスト**」というビジョンが掲げられています。これらを実現するためには、システムの構造や情報流通のしくみを根本的に変え、再構築しなければなりません。まず、システム構造の変革に向けては、以下の事業が進捗しています。

　①自治体の基幹業務等システムの統一・標準化
　②ガバメントクラウドなど共通機能のコンポーネント化（部品化）やAPI整備等（認証機能、フロントサービス等）

これらの事業により、団体ごとのオンプレミス環境に分散し、仕様も異なっていた従来のシステムが標準化され、クラウド上にそろうことになります。また、別個に存在するさまざまな機能が疎結合により柔軟に連携できるようになります。

7　「マイナンバー法等の一部改正法（令和5年法律第48号）」（2023年6月9日公
　　布）

（3）公共サービスメッシュ

　公共サービスメッシュとは、トータルデザイン下における情報流通のしくみであり、「行政機関間のバックオフィスでの情報連携・地方公共団体内の情報活用・民間との対外接続を一貫した設計で実現する[8]」とされています。各団体が保有している情報を情報連携基盤で流通させることにより、以下のようなさまざまなサービスが可能になります。

①オンライン申請やプッシュ型サービスでは、自治体の持つ情報を連携させることで、申請に必要な情報をあらかじめ表示できたり、関連する手続きを推奨できたりする。
②マイナンバーの情報連携について、府省庁向けの共通機能を通じて、個別に中間サーバーを構築しなくても連携できる。

　これらのサービスは、デジタル手続法[9]に記載された「**デジタルファースト**」、「**ワンスオンリー**」、「**コネクテッド・ワンストップ**」の基本原則に基づいて構築されるものです。デジタルファーストは、各種手続きを原則オンライン化することを前提として、個々の手続について最初から最後まで一貫してデジタルで完結させることを意味しています。ワンスオンリーは、一度提出した情報は再提出を不要とする原則であり、これまで申請書に付随していた添付書類（証明書等）は、本人が提出するのではなく行政機関間で確認するとい

8　「デジタル社会の実現に向けた重点計画」（2023年6月9日閣議決定）
9　「情報通信技術の活用による行政手続等に係る関係者の利便性の向上並びに行政運営の簡素化及び効率化を図るための行政手続等における情報通信の技術の利用に関する法律等の一部を改正する法律（令和元年法律第16号）」

図表6−1　公共サービスメッシュの情報連携イメージ

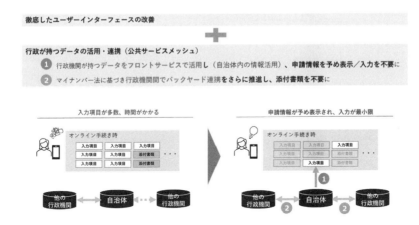

出典：デジタル庁「マイナンバー制度及び国と地方のデジタル基盤抜本改善ワーキンググループ（第8回）」
（2023年3月）

う考え方です。コネクテッド・ワンストップとは、ライフタイムイベント（引越し、結婚、妊娠・出産、介護、死亡・相続等）における種々の手続きが同時に行えるとともに、民間サービスとの連携も行います。

　上記①のオンライン申請にて「申請情報をあらかじめ表示／入力を不要」というサービスは、ワンスオンリーの原則に当てはまるものです。オンライン申請になっても、記入すべき情報を探したり、さまざまなところから取り寄せたりしていたのでは、60秒で申請は完了しません。一方、申請に必要な情報はいずれかの行政機関のシステムに登録されている可能性が高く、行政機関のシステム間で情報連携すれば必要な情報がそろうので、あとは本人が確認するだけで申請を提出できるというコンセプトです。いわば、「書かない窓口」のオンライン版というイメージです。

　上記①の「プッシュ型サービスで関連する手続きを推奨」は、ワ

ンスオンリーのほか、コネクテッド・ワンストップにも該当するものです。これまでは、国民が自ら気づいて申請しないとサービスが受けられないケースもありましたが、プッシュ型サービスは要件に該当する人に行政側からサービスを案内するものです。特に、ライフタイムイベントでは、同時に行う手続きや連続して発生する手続きが多いことから期待されます。

　上記②の「マイナンバーの情報連携について、個別に中間サーバーを構築せずに連携」というのは、３つの基本原則すべてにかかる概念です。マイナンバーの情報連携では、団体ごとに中間サーバーという"出島"を作り、自団体のシステムからそこに情報の副本を置いたうえで、団体間の情報連携を行っています。ただし、現在は情報連携を始めるごとに、各府省庁のシステムにおいて中間サーバーを個別構築する必要があります。公共サービスメッシュは、各機関が利用可能となるような共通機能を提供し、個別構築を不要とするものです。

（4）サービス実現のためのしくみの展望

　公共サービスメッシュの構造は、①行政機関の業務システム間を結ぶ「**ヨコの情報連携**」と、②行政や民間のサービス提供サイトと行政機関の業務システムを結ぶ「**タテの情報連携**」から構成されます。このようなしくみを実現しようとした際に、どのような構造が必要になるのか、課題とシステムの方向性について整理しました。

ア　ヨコの情報連携（行政機関間）

　行政機関のシステムについては、国のシステムと自治体のシステムがガバメントクラウド上にそろいつつあります。「ヨコの情報連

図表6－2　公共サービスメッシュの概念図

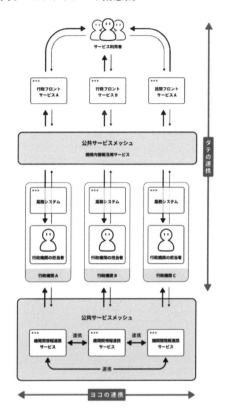

出典：デジタル庁ホームページ「政策＞公共サービスメッシュ」
<https://www.digital.go.jp/policies/public_service_mesh>

携」を行うためには、a）ガバメントクラウド内のサービス間（ガ
バメントクラウドは複数のクラウドサービスより構成される）の情
報連携の回線と、b）情報連携のシステム、c）データ形式の統一
が必要になります。a）ガバメントクラウドへの接続回線としては、
自治体が調達する接続サービスまたはLGWAN府省庁間では、
2023年度中に運用が始まった「ガバメントソリューションサービ

ス（GSS）[10]」がこの役割を担いますが、クラウド間での通信については、回線や情報流通経路の整理が必要となります。

b）情報連携のシステムとしては、現状デジタル庁から共通機能に関わる標準仕様[11]として、①申請管理機能、②庁内データ連携機能、③団体内統合宛名管理機能等の複数の業務システム間で共有するデータの管理や流通を行うための仕様が示されています。ただし、実装について指定がないため（想定される特定のシステムはない）、ベンダーまたは自治体の判断のもとに、さまざまな形態にて実装されることが予想されます[12]。一方、国には、府省庁のシステム間で汎用的な情報連携を行うシステムがマイナンバーの情報提供ネットワークシステム以外は見当たらず、そのあり方や新たなしくみについて議論されることが予想されます。

c）データ形式の統一については、デジタル庁からデータ要件・連携要件に関わる標準仕様[13]として、①基本データリスト、②文字

---

10 政府共通の標準的な業務実施環境（パーソナルコンピュータやネットワーク環境）。府省庁にネットワーク回線を提供する（霞が関WAN）とともに、職員や端末のID管理やグループウェア提供等も行っている。デジタル庁ホームページ「政策＞ガバメントソリューションサービス（ガバメントネットワークの整備）」＜https://www.digital.go.jp/policies/gov_solution_service＞

11 デジタル庁「地方公共団体情報システム共通機能標準仕様書【第2.0版】」（2023年3月）

12 2023年9月8日に改定された「地方公共団体情報システム標準化基本方針」において、「トータルデザインの考え方の下で、共通機能の仕様策定や文字環境の整備等を行い、全体としてより効率的なシステム構築や運用を行うための取組を、早期に標準準拠システムに移行し当該取組に積極的に協力する地方公共団体と段階的に実証することとする」との記載があるが、改定前の「トータルデザインの考え方の下で、デジタル庁が標準準拠システムの共通機能や共通部品（申請管理を含むフロントサービスとの連携機能、認証機能、文字環境の3つを候補として注力する。）を開発し～」という記載からは国によるシステム構築の部分が削除されている。

13 デジタル庁「地方公共団体情報システムデータ要件・連携要件標準仕様書【第2.0版】」（2023年3月）＜https://www.digital.go.jp/policies/local_governments/specification/＞

図表 6 － 3　既存の情報連携インフラの整理

	国	自治体
回　線※	GSS	自治体に拡大？ LGWAN（第4次→第5次）
情報連携システム	情報提供ネットワークシステム ●マイナンバー制度での利用のみ マイナポータル ●プッシュ型通知とオンライン申請（主に自治体が利用） ●API連携（国や民間サービスと連携）	
データ形式	マイナンバー制度での利用のみ ●マイナンバー制度での利用のみ	自治体システム標準仕様書 ●データ要件（基本データリスト、文字、データモデル）

※デジタル庁「国・地方ネットワークの将来像及び実現シナリオに関する検討会」(2023年9月〜) では、「デジタル社会の実現に向けた重点計画」(2023年6月9日閣議決定) を踏まえ、国・地方を通じたデジタル基盤に関して、全体最適かつ効率的なネットワーク構成を検討している。
<https://www.digital.go.jp/councils/local-goverments-network/ad619888-36bb-4f67-a61f-b44779bad1e9>

出典：著者作成

要件、③データモデルが定義されており、また、各標準準拠システム間における連携技術仕様が共通化されました。一方で、国のシステムについては、マイナンバー情報連携時のデータ標準レイアウトしか存在せず、利用範囲・用途が限定されています。ただし、両者とも地域情報プラットフォーム[14]という同じ標準仕様をルーツに持つことから（22頁・図表1 - 3）、整理のための議論が期待されます。

---

14 （一財）全国地域情報化推進協会（APPLIC）が2006年に自治体システム間の情報連携のために作成した標準仕様。住基、税等、自治体の26業務に及び、その後改定が重ねられている。

イ　タテの情報連携（国民と行政機関）

　公共サービスメッシュ「タテの情報連携」を行う際には、a）利用者インターフェイス、b）業務システムとフロントサービスの連携、c）民間サービスとの連携が必要になります。まず、a）利用者インターフェイスについては、マイナポータルがその役割を担うことに疑いの余地はないでしょう。Webやスマートフォンの画面を操作することになるので、ITリテラシーや誤操作[15]の課題はあるものの、現状民間サービスも含めて同様のインターフェイスであるため、サービス連携に適していると考えられます。また、一部サービスについては、マイナンバーカードや同カードを搭載したスマートフォンをかざすだけで（特別な操作を必要とせず）利用できる可能性もあります。

図表６−４　公共サービスメッシュの概念図

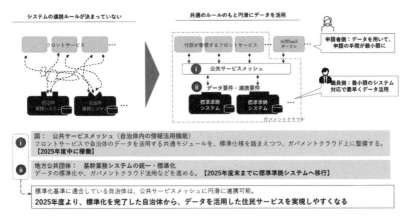

出典：デジタル庁「マイナンバー制度及び国と地方のデジタル基盤抜本改善ワーキンググループ（第8回）」
（2023年3月29日）

15　マイナンバー紐付け問題における、「公金受取口座の誤登録」や「マイナポイントの紐付け誤り」など。

　b）業務システムと行政フロントサービスの連携について、重要なのは両者を連携するデータ連携基盤と情報の流通経路です。業務システムとは、住民記録システムや税務システムといった、制度に基づいた業務のデータ処理を行っており、個人情報もこれらシステムのデータベースに格納されています。行政フロントサービスとは、ホームページ（情報提供）やオンライン申請等のWebサービス（マイナポータルを含む）であり、国民に向けたインターフェイスになっています。

　現状、これらシステムを連携するもののひとつとして、マイナポータル（ぴったりサービス）からLGWAN回線を経由して、電子申請データを自治体の業務システムに取り込むしくみ[16]がありますが、ガバメントクラウド上に業務システムが移行していくなかで、今後、マイナポータルから基幹業務システムへのデータの取り込みについてはどのようなしくみが最適であるのか、2025年度末におけるガバメントクラウドへの移行状況を見極めながら議論が深まることが期待されます。

　将来、公共サービスメッシュが連携のしくみを担う場合、情報流通経路とセキュリティについて整理する必要が出てきます。現行の自治体セキュリティは、総務省ガイドライン[17]により、取り扱う情報の重要性に応じて情報インフラを分割する**境界型防御**[18]の方針が採用されています（図表6－5）。住民情報のほとんどは、今回標準化の対象となった標準準拠システムに格納されていますが、この

16　「ぴったりサービスの申請データダウンロード機能」
17　総務省「地方公共団体における情報セキュリティポリシーに関するガイドライン」（2023年3月）
18　自治体のシステムや庁内ネットワークを「マイナンバー系」、「LGWAN系」、「インターネット系」に分類し、大規模な個人情報を持つ情報システム（住民情報系）はマイナンバー系に属す。

システム群はマイナンバー系という最もセキュアな領域に分類され
インターネット環境とは隔離されています。また、ガバメントクラ
ウド移行後の自治体利用領域についても、基本方針にてマイナン
バー系であるとの整理がされています。

図表6－5　総務省ガイドラインでの境界型防御（三層の対策）

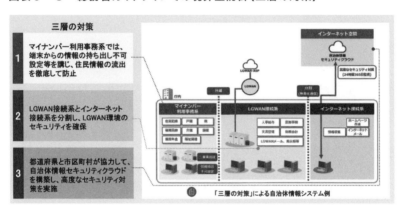

出典：総務省「地方公共団体における情報セキュリティポリシーに関するガイドラインの概要及び令和4年度の
　　　改定について」（2023年7月）

　一方、国民に向けたインターフェイス（マイナポータル、自治体
のホームページ等）はインターネット上にしかないため、両環境を
結んで情報をやり取りするためには、複数のセキュリティレベルの
異なる領域をまたぐ必要があります（図表6－6）。業務システム
がガバメントクラウドに移行した後は、オンプレミス環境ではなく
なるため、情報の流通経路について柔軟な選択肢が考えられますが、
一方でそれはセキュリティが十分担保されるものでなくてはなりま
せん。ネットワークをフラットに一本化し、可変型の認証強度で情
報へのアクセスを制御する「ゼロトラスト」の概念は魅力的に映り

ますが、ローカル側のネットワーク環境や端末も含めて包括的に運用可能か検証・議論が必要になります[19]。

図表６－６　境界型防御と情報流通経路（ガバメントクラウド移行前）

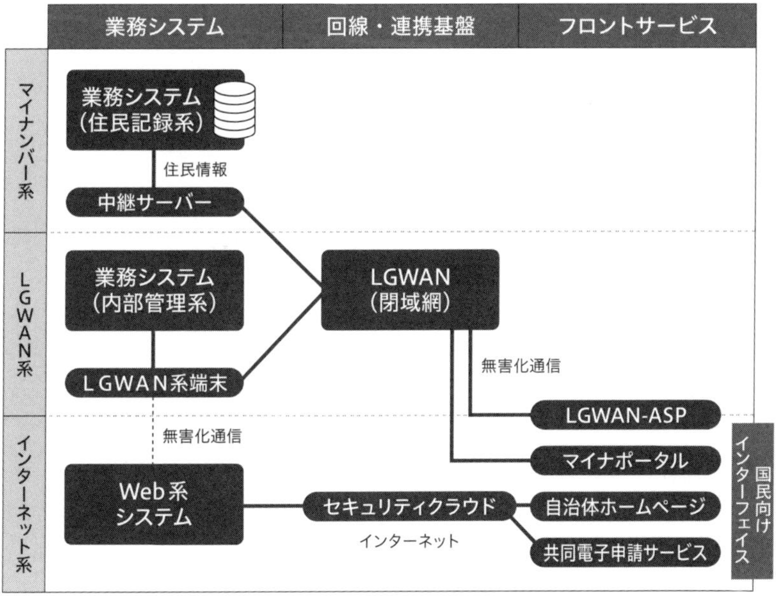

出典：著者作成

c）民間サービスとの連携は、上記b）の連携ができていることが前提条件となります。そのうえで、①国民へのポータルサイトと、②民間サービスとの連携基盤が必要となります。現在、電子申請ひとつとっても、自治体ホームページ、都道府県等の共同利用電子申

19　自治体の団体規模はさまざまであり、情報部門の人員体制や知見、予算規模には大きな格差がある。

請サイト、マイナポータル、個別サービスの手続きサイト等、インターネット上の複数のサイトに分かれており、わかりづらい状態です。これらに民間サービスが加わり乱立しないように、ポータルサイトを見ればすべてが網羅されて、検索や認証連携、画面遷移がされるのが理想的です[20]。すでにそのような機能を具備しているマイナポータルが、包括的なサービス起点となる可能性が高いと考えられます。

　また、民間サービスと連携する際に、「自治体の持つ情報を連携して申請に必要な情報をあらかじめ表示するプレプリントサービス」や「本人を介して情報を連携させる（本人が指示することにより団体間で情報が流通する）サービス」等を実現しようとすると、現在のマイナポータルの機能では及ばないことから、公共サービスメッシュによる情報連携基盤がマイナポータルの背後で国や自治体の業務システムと民間サービスを結ぶ役割を果たすものと想像されます。

20　民間サイトを行政サービスの入り口とすることを否定するものではない。行政サービスに複数の導線があっても構わないが、ポータルサイトには一覧が掲載されていることが望ましい。

Ⅱ　今後必要とされる事業

（1）内部管理系システムの標準化

　標準化法対象の20事務として標準準拠システムとなるのは、市区町村における住民情報系（マイナンバー系）と呼ばれるシステム群であり、市区町村の情報システムでは最大規模のカテゴリーになります。一方で、それに次ぐ規模のシステム群は、内部管理系（LGWAN系）であり、財務会計、人事給与、文書管理、庶務事務等のシステムが含まれます。内部管理系システムは、住民情報系と一緒に自治体クラウド（地域の計算センター）やプライベートクラウドのデータセンターに収納されることが多く、住民情報系のみがガバメントクラウドに移行すると、環境が分散し、通信費や運用保守費が二重にかかることが懸念されます。そこで、内部管理系システムも標準化のうえ、ガバメントクラウドに集約することが期待されます。また、基本方針では、ガバメントクラウド上に構築することができるシステムとして「標準準拠システムと業務データの連携等を行うシステムのほか、標準準拠システムと同じくガバメントクラウドに構築することが効率的であると地方公共団体が判断するシステム」とあり、内部管理系システムの可能性について示唆しています。

　一方で、それを実現するためには、いくつかのハードルがあります。住民情報系は、法定受託事務等、法令の制御下で実施されている事業が多く、国が標準仕様を作成することに根拠が見いだせましたが、内部管理系は自治事務の部分が大きく、国主導よる業務の共通化に抵抗がある可能性があります。また、上記の理由から、内部管理系は団体による業務・システムのバリエーションが大きく、単

一の仕様書で吸収できない可能性があります。もし、標準化が行われないまま、個々の団体が内部管理系システムをガバメントクラウドに搭載することになれば、大量のリソースが必要になるうえ、運用の一元化による効率化も期待できません。

　住民情報系がガバメントクラウド移行で成功を収めた場合は、内部管理系への期待が高まると考えられるので、検討の枠組み（自治体やベンダーの全国協議会等での標準化検討）や検討方法（パッケージをベースとした還元法）、しくみ（ガバメントクラウドや、ガバメントクラウドと連携するクラウド環境等）について準備しておくことが必要だと思われます。

（2）府省庁システムと自治体システムとの連携

　国から自治体には、財務状況や選挙の投開票数、災害時の被害状況、各種統計調査等、定期・不定期にさまざまな調査報告の依頼があります。しかし、通信経路（LGWAN、インターネット、FAX、電話）やシステム（府省庁共通の調査システム、事業固有のWeb画面、メール）がバラバラであり、職員がその都度、マニュアル作業で自治体の業務システムからデータを拾い出し（SEに依頼するケースもある）、調査票に入力しています。また、都道府県を調査の進捗管理（期限の迫った市区町村に電話をかけて督促する等）や集計のために介在させることも頻繁にあります。

　元の情報が市区町村のシステムにデータとしてあるにもかかわらず、途中で人間による転記やマニュアル作業によるデータ抽出が行われていることは、人件費の増大や作業ミスにつながる懸念があります。これまでは、制度所管府省庁が個別に報告方法やシステムを指定するタテ割りの状況でしたが、デジタル庁発足により、国と自

治体の情報連携についても、情報流通経路の整理や情報連携基盤
（公共サービスメッシュも候補）についての議論が進むことが期待
されます。

（3）都道府県システムの標準化

　自治体システムの標準化は、現状ほとんどの対象事務が市区町村
の担当（標準化対象の20業務のうち、生活保護や児童扶養手当に
おいては、町村分について都道府県が担当）であり、市区町村の大
規模システム（住民情報系）が網羅されることから、市区町村のシ
ステム標準化は2025年に向けて大きく前進する見通しです。一方、
都道府県のシステムについては、パッケージソフトを使用している
団体でも、かなりカスタマイズを行っている状況であることから、
今後システムの標準化が期待されるところです。

　都道府県には、防災、保健医療（病院含む）、観光、産業振興、
道路・橋、自然環境保全、上下水道、公共施設、県立学校等の多岐
にわたる事業分野があり、地域特性により重点分野や部署、業務シ
ステムの構成が異なります。市区町村で標準化対象となった20事
務が個人に向けたサービスであるため、法令等により業務が全国的
に平準化されていたのとは状況が異なるため、難易度は高くなると
想定されます。

　一方で、これら分野のシステムが標準化され、ガバメントクラウ
ドに集約されると、事業者や社会インフラにかかる情報の利用や流
通が促進されることから、国全体の経済振興や広域での防災・感染
症対策等に寄与することが期待されます。なにより、これら情報に
は個人情報はあまり含まれないため、柔軟に活用できるものが多い
ことがメリットです。たとえば、事業者の登録や各種認定・評価

（事業を行う際の等級、表彰、指名停止等）は、団体ごとに個別に行われており、事業者にとっても役所にとっても負担となっています。これらについて、国やある県で評価した情報を他団体にも共有することにより負担を低下させることができます。そのためには業務やシステムの標準化、そして団体間での情報連携が不可欠です。

（4）アウトソーシングとの連携

　「情報システムは、あくまで業務を行うためのツールであり、システム導入の際には業務も含めた見直し（BPR）が必要」ということは以前からいわれてきましたが、本格的なBPRが行われるケースは稀であったと思います。今回の標準化において、半強制的にBPRを行わざるを得ないという状況は、ひとつの転換点だと考えます。また、標準化後においては、新しいアウトソーシングビジネスが広がる可能性があり、BPRを行ううえで民間サービスへの置き換えが選択肢として利用できることが期待されます。

　標準化後に登場する新しいビジネス環境は「全国共通仕様」と「オンライン化」です。帳票が共通化されることから、従来は各地域の印刷会社に発注していたものが、オンラインで全国の会社に発注できる可能性があります。印刷会社は、印刷だけでなく、封入や郵送など連続する複数の業務を一括して受託したり、返信受付や電話・メールでの問い合わせ対応まで含めたりするなど、包括事務処理センターに拡大できる可能性もあります。このように、従来は部分的に切り出していた業務を包括的に委託するBPO（ビジネス・プロセス・アウトソーシング）というビジネスを行える条件が整ってきたといえます。これまで、民間と協働した事務処理センターの導入は、業務処理量の大きい大都市に限られていましたが、標準化

後は全国の小規模団体がオンラインでそのようなサービスを利用できる可能性もあります。

図表6－7　BPOに期待される役割と業務

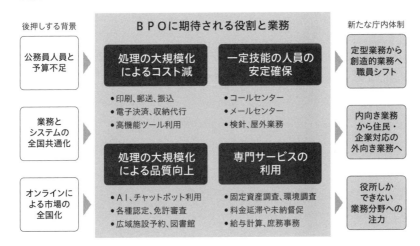

出典：著者作成

　自治体システムの標準化が、「システム刷新」という狭い枠にとらわれず、業務も含めた住民サービスの最適化につながることを願ってやみません。

あとがき

「ダメでした。編集長はOKと言ったのですが、その上が……」
「意義のあるテーマですが、売れる本しか出せないのです……」
「200万円ほどディポジットを入れていただければ……」

本書を出そうと出版社に企画を持ち込んでは、断られた。

想像はしていた。
以前、何冊も本を出した私の上司の口癖がある。

「"自治体"と名のつく本は売れない。なぜなら、ビジネス書の
コーナーに平積みされることはないからだ。本屋で一番奥の暗い棚
に"地方自治"というコーナーがある」

もし、この本のタイトルが、
『霞が関が変わる巨大ビジネス、ガバメントクラウド』
だったらどうだろうか。

「自治体のIT」というと、「小さな市場だ」、「遅れている」、「重
要なシステムはない」と思われている。
　しかし、事実を言うと、自治体のIT市場は平時で約7,000億円
程度、国の7割程度の規模であり、ここ何年かは国と同規模まで膨
らむ。

　自治体は、業務の中でAIを実用レベルで活用しているが（ケア

プラン作成、レセプト点検、保育所調整、固定資産評価)、府省庁で成功したAIの例を聞いたことがない。

　自治体のシステムが止まると、窓口に長蛇の列ができ、住民サービスに大きな支障をきたすが、国のシステムの多くは止まったところで日常生活に大した影響はない。

　これが、自治体と国、両方のIT事業に25年関わってきた私の感覚だ。

　日本のSI業界は「ゼネコン」と同じだといわれる。
　システムの規模を大きくして、多くの人工数をかけるほど売り上げが上がる。つまり、つぎはぎだらけの非効率なシステムほど手間がかかるので、売り上げも大きい。

　ただし、利益率は極めて低い。

　財政力のある大きな役所ほど、そのような巨大システムがいくつも有し、多額の予算をかけて、だましだまし延命している。

　それが日本のITビジネスの実態だ。

　今をときめくGAFAは、25年前は1社を除いて名前も知らないような存在だった。それが、今や1国のGDPを超えるような大企業に成長している。
　残念ながら日本のSIはそうはなれなかった。

今、そのグローバル企業たちがガバメントクラウドという黒船に乗って日本の官公庁市場に到来している。

　自治体システムの標準化という事業は、日本のSIが従来の請負型ビジネスを脱却し、SaaS型ビジネスに転換できるチャンスにほかならない。

　各社がこの波をどのように乗り切り、乗りこなすか興味深く見ている。
　出版社と同じ「ダメでした」という言葉は聞きたくないものだ。

　最後に、本書の共同執筆者であるAPPLICの吉本明平氏、査読をお願いしたデジタル庁の楠正憲氏、総務省の細川努氏、出版社の永田生美氏に感謝を述べたい。

　共に2025年度を越えられますように。

　2023年9月

　　　　　　　　　　　　　　　　　　　　　　　　　三木浩平

著者略歴

三木浩平／総務省 デジタル統括アドバイザー
香川県出身。米国アメリカン大学にて社会学修
士（理論・統計）。株式会社三菱総合研究所主席
研究員、千葉市総務局次長（CIO補佐監）、総務
省自治行政局企画官、内閣官房政府CIO補佐官
等を経て、2021年9月より現職。マイナンバー、オープンデータ、
自治体システム標準化等自治体情報化施策に関わる各種検討会の構
成員を歴任。

◆執筆担当：Chapter 1、Chapter 2（Ⅰ～Ⅳ）、Chapter 3、
　　　　　　Chapter 4（Ⅰ～Ⅲ）、Chapter 5（Ⅲ）、Chapter 6

吉本明平／一般財団法人全国地域情報化推進
協会 企画部担当部長
NECにて電子政府・電子自治体関連コンサルに
従事ののち、APPLICの初代の事務局員として
地域情報プラットフォーム標準仕様の策定に携
わる。2014年4月より現職、総務省等の調査研究事業などに従事。
総務省「地方自治体のデジタルトランスフォーメーション推進に係
る検討会構成員」、「自治体システム等標準化検討会構成員（住民記
録、税務システム、選挙人名簿管理システム）」、文部科学省「就学
援助事務システム標準化検討会構成員」などを歴任。地域情報化ア
ドバイザー、関東学院大学 非常勤講師、一般財団法人情報法制研
究所 上席研究員。

◆執筆担当：Chapter 2（Ⅴ）、Chapter 4（Ⅳ～Ⅵ）、Chapter 5（Ⅰ～Ⅱ）

こうすればうまく進む
自治体システム標準化&ガバメントクラウド

令和 5 年12月19日　第 1 刷発行

共　著　三木浩平・吉本明平

発　行　株式会社**ぎょうせい**

〒136-8575　東京都江東区新木場1-18-11
URL：https://gyosei.jp

フリーコール　0120-953-431
ぎょうせい　お問い合わせ 検索 https://gyosei.jp/inquiry/

〈検印省略〉

印刷　ぎょうせいデジタル株式会社　　　　　　　　　©2023　Printed in Japan
※乱丁・落丁本はお取り替えいたします。
ISBN978-4-324-11322-6
(5108896-00-000)
〔略号：うまくガバクラ〕